AF295988

L'ÉCOLE LAÏQUE

H. DE RICHEMONT

L'ÉCOLE LAÏQUE

Sa neutralité

Ses maîtres

Ses livres

Ses résultats

Devoirs des pères de famille

❧ ❧ ❧

PARIS (VIᵉ)

Librairie VIC & AMAT

CHARLES AMAT, ÉDITEUR

11, rue Cassette.

1909

PRÉFACE

Il n'y a pas aujourd'hui de péril plus grand
que la démoralisation du pays qui s'opère par
l'école d'une manière rapide. Or, le mal se fait
parce que la majorité du peuple, n'en ayant
pas conscience, n'y fait aucune opposition.

Ceux qui, en 1882, votèrent dans un but
impie la laïcité de l'enseignement, eurent soin
de rassurer les catholiques : ils affirmèrent qu'il
ne serait point porté atteinte aux convictions
religieuses ; ils voulaient seulement éviter de
froisser à l'avenir la conscience des enfants
qui n'appartenaient pas à la religion catholique.

Rassurés par cette déclaration, confiants
dans cette promesse, les pères de famille en-
voyèrent sans crainte leurs enfants dans les
écoles de l'État. Leur sécurité n'a que trop
servi les projets des sectaires.

Le peuple français, qui se leva tout entier
pour défendre ses églises, au moment où la

Loge y portait une main sacrilège, ne manquerait pas de défendre avec la même énergie, s'il les savait menacés, des sanctuaires qui lui sont aussi précieux : les âmes de ses enfants. Or, ils sont attaqués avec une haine infernale ; pour le prouver, il nous a suffi de recourir à des documents puisés aux sources les plus authentiques, et le lecteur pourra se convaincre que les promesses faites au peuple ont été audacieusement violées et que la neutralité n'existe pas dans les écoles de l'État.

Hélas ! un trop grand nombre de maîtres, instruments dociles de la Franc-Maçonnerie, travaillent, non pas à élever les enfants, mais à les démoraliser ; ils attaquent, dans un langage cynique, les vérités de la religion, ils neutralisent l'influence bienfaisante de la famille, s'efforcent de détruire toute moralité et tout patriotisme : ces hommes, qui sont aujourd'hui les pires ennemis de la religion, de la famille, de la patrie, accomplissent tranquillement leur œuvre néfaste avec la complicité de ceux qui nous gouvernent.

L'enseignement des mauvais maîtres est appuyé et complété par le livre. Certains passages des manuels scolaires sont si nettement hostiles à toute idée religieuse, d'autres sont

d'un réalisme si révoltant, ou prêchent si manifestement l'immoralité qu'on se demande comment on a osé les mettre entre les mains des
élèves.

Un tel enseignement a déjà porté ses fruits
au point de vue religieux, moral, intellectuel et
patriotique : nous les faisons constater.

Enfin, après avoir signalé le mal, un devoir
nous restait : indiquer le remède. Nous l'avons
fait en nous appuyant sur l'autorité d'hommes
intelligents et éclairés, qui sont à même de
diriger le peuple dans une voie où il ne risquera
pas de s'égarer. En effet, une foule d'esprits
élevés, d'écrivains de talent, convient aujour-
d'hui les Français à une nouvelle croisade ; il
s'agit, non plus, comme autrefois, d'enlever
aux infidèles le tombeau du Christ, mais d'arracher des mains des sectaires ce que la religion a de plus sacré, ce que la patrie a de plus
précieux.

Puissions-nous atteindre notre but ! Puissions-nous dessiller les yeux non seulement
des catholiques, mais des honnêtes gens, et
acquérir à la juste cause que nous défendons
des énergies nouvelles !

Il n'est pas douteux que le mal s'arrêtera
stupéfait en face du réveil de la conscience po-

pulaire ; peu désireux de braver l'opinion et de
lutter ouvertement, les méchants suspendront
leurs entreprises criminelles ; ils cesseront de
porter une main sacrilège sur l'âme innocente
de nos enfants ; ils se verront forcés de respecter la foi, la morale, le patriotisme.

En écrivant cette brochure, nous ne voulons
pas attaquer indistinctement tous les maîtres
laïques ; nous ne clouons au pilori que les mauvais maîtres et les mauvais livres ; nous ne
désignons au mépris public que ceux qui sont
méprisables, ceux qui, n'ayant dans le cœur
que la haine et l'impiété, s'efforcent de souiller
de leur souffle empoisonné les générations
qu'ils devraient former au bien.

L'ÉCOLE LAÏQUE

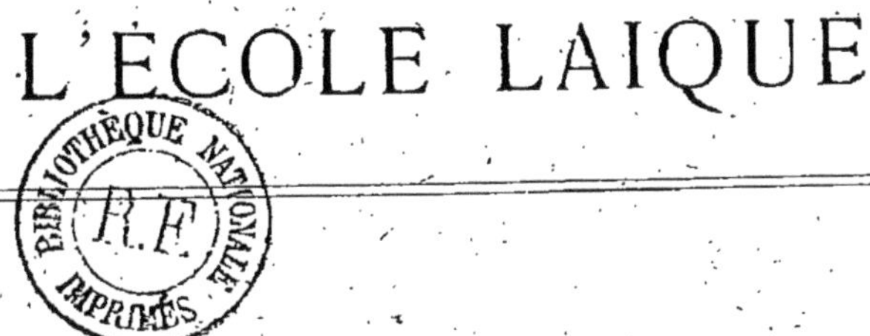

CHAPITRE PREMIER

La neutralité scolaire.

1° Qu'est ce que la neutralité?
2° La neutralité est-elle possible?

Dans une circulaire en date du 17 novembre 1884, Jules Ferry, ministre de l'Instruction publique, écrivait aux instituteurs :

« Vous êtes l'auxiliaire, et à certains égards le suppléant du père de famille ; parlez donc à son enfant comme vous voudriez que l'on parlât au vôtre : avec force et autorité toutes les fois qu'il s'agit d'une vérité incontestée, d'un précepte de la morale commune ; avec la plus grande réserve, *dès que vous risquez d'effleurer un sentiment religieux* dont vous n'êtes pas juge.

« Si parfois vous étiez embarrassé pour savoir jusqu'où il vous est permis d'aller dans votre enseignement moral, voici une règle pratique à laquelle vous pourrez vous tenir :

« Au moment de poser à vos élèves un précepte, une maxime quelconque, demandez-vous s'il se trouve à votre connaissance un seul honnête homme qui puisse être froissé de ce que vous allez dire. Demandez-vous si un père de famille, je dis un seul, présent à votre classe, et vous écoutant, pourrait de bonne foi refuser son assentiment à ce qu'il vous entendrait dire. Si oui, abstenez-vous de le dire ; si non, parlez hardiment... Vous ne toucherez jamais avec trop de scrupule à cette chose délicate et sacrée qui est la conscience de l'enfant. »

Jules Ferry disait encore : « L'instituteur prend les enfants tels qu'ils lui viennent, avec leurs idées et leur langage, avec leurs croyances qu'ils tiennent de la famille, et il n'a d'autre souci que de leur apprendre à en tirer ce qu'elles contiennent de plus précieux au point de vue social, c'est-à-dire les préceptes d'une haute moralité. L'instituteur ne se substitue ni au prêtre, ni au père de famille, il joint ses efforts aux leurs pour faire de chaque enfant un honnête homme. »

« Lorsqu'on parle de liberté, c'est la liberté des autres non moins que la sienne propre que l'on doit avoir en vue. La liberté que je veux pour mon compte, c'est la liberté sans privilèges ni pour, ni contre l'enseignement religieux. »

Dans le même sens, Paul Bert, en 1881, définissait ainsi, dans une grande réunion, le programme d'enseignement de l'instituteur : « L'amour et le culte de la patrie, tout d'abord... le respect et la liberté à tous les degrés : voilà, disait-il, ce que vous aurez l'honneur d'être chargés d'enseigner. »

Ces instructions données aux instituteurs renferment le principe de la neutralité. Il était intéressant de rappeler comment Jules Ferry et Paul Bert, qui furent les auteurs de la loi de 1882 prescrivant la neutralité, l'entendaient.

Mais cette conception de la neutralité, qui avait été acceptée faute de mieux par les catholiques, ne devait pas tarder à changer. En 1884, deux ans seulement après les déclarations du ministre de l'Instruction publique, le F∴ Desmons, sénateur, écrivait dans le *Journal de la Maçonnerie universelle* :

Nous voulons arracher l'avenir au catholicisme, c'est pourquoi nous voulons la liberté de l'enfant ; c'est pour cela que nous voulons qu'il soit instruit par nous.

Un autre franc-maçon, le F∴ Fleury, dans son livre *L'Éducation religieuse et l'éducation laïque*, poussait le cri de guerre suivant :

Arrière l'éducation religieuse qui corrompt les consciences par le catéchisme et l'histoire sainte, qui les fait se replier sur elles-mêmes en leur défendant le droit d'examen. Plus de religion dans les écoles, plus de prêtres dans la famille. Arrière votre éducation, jésuites et cléricaux, adeptes d'une religion quelconque, qui déposez dans le cœur des jeunes enfants des devoirs en contradiction flagrante avec toutes les lois naturelles, un culte imaginaire. Oui, bannissons de l'école l'enseignement religieux.

Le programme n'a été que trop fidèlement suivi, et aujourd'hui, dans les écoles laïques, la neutralité qui existe :

C'est la neutralité de M. Aulard, qui se fâche dans le *Matin* contre les sots capables de croire à la duperie d'une neutralité neutre. C'est la neutralité de M. Viviani, qui tient cette machine pour « un mensonge diplomatique, pour une tartuferie de circonstance ». C'est la neu-

tralité du F∴ Lafferre, qui déclare impossible et coupable
de rester neutre entre la science et la foi, puisqu'on enseigne pour se prononcer. C'est la neutralité de Cl. Anet
dans le *Gil Blas*, pour qui « il n'y a pas de neutralité
scolaire »; c'est la neutralité de vingt autres, augures et
Pontifes du Bloc ou de la Loge, qui, après avoir promis
aux électeurs le respect de la liberté de conscience,
insistent pour obtenir le monopole de l'État sectaire, et
jettent l'anathème aux Ferry et aux P. Bert, les fondateurs de l'école laïque, encore trop tolérants.

C'est l'oïdium de l'école.

Cette abominable contagion vient de se déclarer si aiguë
dans les derniers mois, qu'on en croit à peine ses propres
évidences. Comment! il ne devait être question que de
large libéralisme et de *tolérance éclairée* (nos Évêques
insistent sur ces promesses); une ère s'ouvrait, pour ne
plus finir, où chacun serait « libre », par antithèse avec
les temps maudits où un Dieu et une Église osaient
instruire et moraliser l'homme. Et tout à coup se dit,
s'écrit, se colporte, le dogme de l'école *sans neutralité*,
avec Morizot pour professeur et Aulard pour patron... (1)!

Oui, le masque est tombé complètement, chaque
jour en apporte une nouvelle preuve... on peut s'en
convaincre en lisant ce commentaire :

Le ministre de l'Instruction publique a envoyé aux recteurs d'Académie une circulaire confidentielle qui a été
communiquée aux proviseurs des lycées. Cette circulaire
leur prescrit de réunir d'urgence leurs Conseils d'admi-
nistration, afin de s'entendre sur la rétribution à fixer
pour les élèves qui veulent suivre les cours d'instruction
religieuse et assister aux offices du culte ; dorénavant, et
la circulaire le spécifie clairement, les élèves qui voudront
accomplir leurs devoirs religieux seront frappés d'un im-

(1) Journal *la Riposte*.

pôt nouveau, et, pour assister à la messe le dimanche, il faudra payer une taxe.

L'instruction religieuse devient un article de luxe. Plusieurs proviseurs se sont élevés contre cette mesure, mais ils ont dû s'incliner devant l'ukase du ministre.

On espère ainsi intimider les familles et obtenir peu à peu qu'elles renoncent à tout enseignement chrétien. C'est pourquoi l'archevêché de Paris a fait publier dans la *Semaine religieuse* une note attirant « l'attention des pères de famille sur les devoirs spéciaux qui leur incombent lorsqu'ils se trouvent dans l'obligation de confier leurs enfants aux lycées de l'État ».

Autrefois, il fallait de la part des pères de famille une volonté formellement exprimée pour que leurs enfants fussent dispensés d'assister aux offices et de recevoir l'enseignement religieux. Aujourd'hui, c'est le contraire. Il faut, pour qu'un élève ait le droit d'entrer à la chapelle et de suivre les cours d'instruction religieuse, que ses parents *le demandent expressément* (1).

Voilà la cause des protestations qui s'élèvent de toutes parts contre l'école laïque et qui menacent de la ruiner. C'est l'avis unanime. Dans un article de la *Croix*, en date du 12 juin 1908, nous trouvons ce qui suit :

La loi prescrit la neutralité; les enfants à l'école ne doivent rien entendre, rien apprendre qui blesse en leur âme le respect du foyer, de la France et du bon Dieu.

Si la loi est observée, si maîtres et maîtresses ont soin, dans leurs paroles, d'ignorer ou de traiter convenablement ce qui a rapport à la morale ou aux croyances religieuses, qu'ont-ils à redouter des associations de pères de famille ?

Ces associations ne naîtraient pas si la nécessité n'en

----

(1) Gabriel LATOUCHE, *l'Éclair*, 4 octobre.

était pas démontrée urgente : la fonction est en train de créer l'organe.

Parce que l'innocence, le patriotisme, la foi chrétienne, sont mis en danger par ce qui se dit et s'apprend à l'école, les parents songent à s'unir pour défendre, protéger l'apanage précieux du cœur et de l'âme de leurs enfants.

La *Vie nouvelle* vient à son tour indiquer le but de la lutte qui passionne depuis quelque temps tous ceux qui ont souci de l'avenir de la France. Un des vaillants collaborateurs de ce journal, M. G. Contestin, écrivait le 10 juillet 1908 :

L'école neutre n'a jamais eu de succès qu'à l'état de formule. Ceux qui en parlèrent les premiers savaient que sa réalisation est impossible. Mais le programme de la neutralité scolaire leur parut un moyen excellent pour remplir leurs écoles. Ils manœuvrèrent avec tant d'habileté que beaucoup d'honnêtes gens admirèrent la formule et restèrent persuadés qu'elle répondait aux vraies conditions de l'enseignement moderne.

N'était-ce pas une merveilleuse trouvaille que ces écoles d'un genre particulier où allait fleurir la science pure, celle qui a des attraits pour beaucoup et ne peut être suspecte à personne ? On devait y faire de la science, et rien de plus, de la science pour tous, depuis celle qui convient aux enfants du peuple jusqu'à la grande science qui s'épanouit largement pour la satisfaction des esprits les plus curieux. Cela devait se produire sans danger pour les institutions du dehors, dans le respect de la religion, de la morale, du mouvement social et de la vie politique.

Les gens de réflexion ne se laissèrent pas aller à ces beaux rêves. Ils se contentèrent de constater que la formule de neutralité se trouve inscrite dans la loi. Si les pères de famille n'ont plus le droit de demander pour leurs enfants un enseignement religieux, ils ont au moins celui d'exiger que les doctrines religieuses ne soient pas attaquées par les professeurs.

Il arriva dès les premiers jours que certaines écoles, au mépris de la loi de neutralité, sortirent des conditions de la science pure et se permirent des excursions désobligeantes dans un domaine qui leur était interdit. On pouvait alléguer pour leur défense qu'elles ne possédaient pas encore leur entière formation et qu'elles manquaient d'expérience. Lorsque l'expérience leur est venue, elles ont péché largement, en plus grand nombre et d'une manière manifeste.

C'est alors, non pas avant, pour obéir à un devoir de conscience et non pour la puérile satisfaction de molester l'école laïque, que les pères de famille protestèrent. Ils réclamaient en faveur de leurs enfants le respect auquel la loi s'était engagée. Ils ne voulaient pas que, sous prétexte de science, les professeurs, payés par eux et choisis par l'État, se fissent auprès des élèves les initiateurs des doctrines perverses qui s'attaquent par de fausses et déloyales conclusions à la religion, à la patrie et à la morale.

A mesure que le mal montait dans l'école, se multipliaient les protestations indignées des pères qui entendaient sauvegarder à tout prix la moralité de leurs enfants. La justice était si lente à se montrer, et le danger de corruption devenait si pressant qu'on trouva opportun de joindre les actes aux paroles. Quelques pères interdirent à leurs enfants certains cours particulièrement scandaleux. C'était leur manière à eux d'appliquer la loi de neutralité.

Il aurait été dans l'ordre que le Gouvernement fît luimême la police de ses écoles. Pour faire respecter la loi qu'il avait promulguée, il devait agir sur ses fonctionnaires, arrêter leur exubérance de paroles, interdire les ouvrages dangereux, et donner ainsi satisfaction à des plaintes légitimes.

Le Gouvernement savait tout et ne bougeait pas. Il est certain que la résistance des pères de famille lui déplaisait. Toutes ces voix révélatrices faisaient mauvaise la réputation des écoles.

Après réflexion et conseil, fatigué par ce soulèvement d'opinion, le Gouvernement se décide enfin à intervenir et veut frapper un grand coup. Il lui faut le silence dans ses classes. Pour l'obtenir, il ordonne aux pères de famille d'avoir désormais à se taire. Qu'ils laissent donc en paix ces bons professeurs et qu'ils sachent respecter leur travail scientifique. Le bruit n'est pas bon aux études sérieuses. S'ils continuent le bruit de leurs protestations, on les enverra en correctionnelle.

L'heure est vraiment mauvaise pour les pères de famille. Lorsqu'ils veulent défendre leurs enfants contre les scandales de l'école, on leur répond que c'est là un soin qui ne les regarde pas. Ce n'est pas contre les professeurs coupables, c'est contre eux que se fait la loi nouvelle.

Il est certain, leur dit le ministre, dans le préliminaire embrouillé qui précède son projet de loi, que l'enseignement de l'école doit se contenir dans les limites d'une stricte neutralité. Mais peut-on l'accuser de franchir ces limites ? Toutes les précautions sont prises pour l'y maintenir. L'organisation de vigilance scolaire est sagement établie pour faire respecter la neutralité ; les recteurs et inspecteurs y veillent, et le ministre y veille pour sa part.

Admettons, par hypothèse, que le ministre y veille, en effet. Mais constatons aussi que, malgré cette « vigilance », les abus contre la neutralité se produisent sans cesse. Ce n'est pas la loi nouvelle qui nous en préservera.

La *Croix du Nord* écrivait dans le même sens le 16 juillet :

A-t-on assez vanté jadis les beautés de l'école neutre : elle répondait aux vraies conditions de l'enseignement

moderne, elle était réclamée par le respect de la liberté
de conscience ; elle n'était pas hostile à la religion, puisqu'elle ne s'en occupait pas, laissant ce soin au prêtre, de
qui c'est le devoir et la fonction,

On devait y faire de la science, et rien de plus, de la
science pure, de la science pour tous : cela devait se pratiquer sans danger pour les institutions, dans le respect
de la morale, de la patrie, du mouvement social et de la
vie politique.

On sait ce que durèrent ces beaux rêves. Dès les premiers jours, certains maîtres, dont le nombre n'a fait que
grandir, ne se contentèrent plus de la science pure et se
permirent des excursions nombreuses sur maints domaines
qui leur sont interdits.

De l'attitude négative on passa peu à peu, vis-à-vis des
croyances, à une hostilité positive. Dieu, l'âme humaine,
la vie future, passèrent de mauvais quarts d'heure.

Le devoir le plus élémentaire du Gouvernement était
de faire lui-même la police de ses écoles ; son premier
souci aurait dû être de faire respecter la loi : il fit le
sourd et l'aveugle.

C'est alors, mais alors seulement, que les pères de
famille, devant le danger grandissant, pour obéir à un
devoir de conscience, et non pour la puérile satisfaction
de molester l'école laïque, se sont concertés pour rappeler les instituteurs au respect de la loi, et ont jugé opportun de s'unir pour donner plus de poids à leurs plaintes.

Ce qu'est actuellement l'enseignement donné à
l'école laïque, nous le montrerons par des faits re-
cueillis un peu partout, mais nous pouvons dès
maintenant dire avec une revue du département de
Vaucluse, décembre 1907 :

Vous le savez, la neutralité est un leurre qui ne peut
tromper que les « naïfs ». Le masque est tombé avec
l'enlèvement des christs dans les écoles, l'enlèvement du

mot Dieu de tous les livres ; et cela, *par le fait des insti-tuteurs*.

En 1907 aussi, dans une brochure intitulée : *Sauvons l'enfance et la jeunesse françaises : appel aux catholiques, aux honnêtes gens et aux vrais Français*, M⁞ᵍʳ Turinaz, le vaillant évêque de Nancy, résumait ainsi l'enseignement donné à l'école laïque :

Ainsi donc, la négation de Dieu, la suppression de l'âme humaine, de sa liberté, de sa responsabilité, l'homme réduit au rang de la bête, la morale impuissante et perverse, ou plutôt la suppression de la morale et du droit, le plaisir et la jouissance à la place du devoir, de la vertu et du sacrifice ; les rêves et les aspirations sauvages du socialisme ; la promiscuité des sexes, les garçons et les filles mêlés sur les bancs des écoles et dans les jeux, comme des bêtes parquées ensemble ; la patrie outragée et maudite, le drapeau national jeté dans la boue ; toutes les forces vives de notre pays, l'énergie des âmes et la vigueur des corps atteintes dans leur source, voilà ce que propose tous les jours aux enfants de France un enseignement qui de plus en plus envahit nos écoles.

Un autre écrivain, M⁞ᵍʳ Delmont, professeur à l'Institut catholique de Lyon, dans sa réponse à l'enquête du journal *la Croix* sur « l'avenir de nos enfants », disait :

Depuis vingt-six ans, depuis la « loi de malheur », la « loi scélérate » de 1882, qui a établi l'école laïque, l'école sans Dieu, devenue fatalement l'école contre Dieu, « la *France chrétienne* perd son sang par les quatre veines », et les jeunes générations sont presque entièrement élevées à l'encontre et au rebours de toutes nos traditions nationales et religieuses.

Qu'est-ce, en effet, que l'école laïque ou sans Dieu ?

C'est un moule où l'on jette un fils de baptisé pour en faire sortir un renégat. Et voilà ce qui arrive dans l'immense majorité des 66,444 écoles laïques officielles, sans que les pères et mères de famille s'en émeuvent, sans que les Français aient l'air d'en souffrir, tant la foi chrétienne, la sève chrétienne, s'affaiblissent jusqu'à s'évanouir parmi nous.

Pendant la Révolution, de 1793 à 1799, les premières écoles sans Dieu étaient mises en interdit par le peuple encore profondément chrétien : les parents aimaient mieux élever eux-mêmes leurs enfants ou même les laisser sans instruction que de les envoyer à l'école athée, pour en faire des impies et des jacobins. Si bien qu'en 1800, Portalis et Chaptal, dans un *Rapport* au Premier Consul, constataient que les *40* écoles primaires de la capitale n'avaient que *120* élèves, une moyenne de *trois* élèves par école.

Aujourd'hui, hélas ! nos 66,000 écoles officielles ont *cinq* millions d'élèves sur *six* millions, les cinq sixièmes des enfants de la France !

Et ces enfants, à qui l'on ne parle à l'école de Dieu, de l'Église et de la religion que pour les blasphémer, ces enfants, qui ne vont au catéchisme que pendant quelques mois, trois ou quatre fois par semaine ; ces enfants, pour lesquels la leçon de catéchisme, succédant presque toujours à trois mortelles heures de classe, est une corvée et un pensum ; ces enfants, qui, rentrés à l'école, entendent tant de fois leurs maîtres et leurs maîtresses leur dire textuellement : « Le curé et le vicaire vous ont enseigné ceci, cela, mais n'en croyez rien. La Trinité est absurde, trois font plus d'un. La sainte Hostie est une fausse pièce de 40 sous (!!!) Dieu est une invention des curés ; Dieu, c'est l'ignorance ; Dieu, c'est tyrannie et misère ; Dieu, c'est le mal... Dieu, c'est un porte-monnaie bien garni », ces enfants en viennent trop souvent à perdre complètement la foi, à telle enseigne que, dans certains diocèses, on ne peut plus les admettre à la première communion ; ou bien, s'ils vont encore à la sainte Table, c'est, hélas! pour y cracher la sainte Hostie, que j'ai dû recueillir moi-même sous des pieds sacrilèges, ou pour dire au soir de leur première communion : « Quelle joie! je ne remettrai plus les pieds à l'église. »

Ah! voilà le crime des crimes qui se commet officiellement, presque impunément, d'un bout à l'autre de la France : la *déchristianisation* des enfants baptisés de la fille aînée de l'Église de Dieu.

C'est pour s'opposer à cet enseignement qui menace de tout détruire que se sont formées ces associations de pères de famille que nous avons nommées déjà et que nous étudierons plus sérieusement dans un chapitre spécial. Que demandent ces associations de pères de famille? disait dernièrement dans une lettre ouverte au ministre de l'Instruction publique Mgr Turinaz, évêque de Nancy, et il répondait : « C'est le respect de la religion, de la patrie, de l'armée et de la morale. »

Avant de prouver par des faits comment ces choses sacrées pour tout Français sont violées journellement à l'école laïque, nous citerons quelques opinions qui, malgré leur divergence, s'unissent pour déclarer la neutralité impossible.

Nous trouvons dans la *Croix* du 4 juillet sous ce titre, *Neutralité impossible*, les lignes suivantes :

M. Émile Combes, interviewé, disait naguère qu'entre l'Église et ses adversaires le combat n'était plus dans la rue, mais à l'école. Quoique les inventaires aient prouvé qu'il pouvait encore avoir lieu dans la rue, je crois volontiers que l'école est désormais le vrai champ de bataille. C'est pourquoi il importe tant d'en bien reconnaître les positions.

Or, qu'est-ce qui est en jeu dans l'école publique ? Tout le monde répond : sa neutralité. Elle est inscrite dans la loi de 1884. C'est au nom du respect de la neutralité que le père de famille de Viévigne a intenté une action judiciaire contre l'instituteur Morizot, et que la Cour de Dijon, puis le Tribunal des Conflits, ont consacré ces poursuites. Les feuilles libérales ne cessent pas non plus de plaider l'observation de la neutralité, et le Gouvernement, dans les deux projets de loi qu'il vient de déposer, se dé- fend de vouloir y porter atteinte.

Qu'est-ce donc, au juste, que cette fameuse neutralité, dans laquelle se rencontrent même des adversaires ? Neutralité entre qui et entre quoi ? Toutes les parties sont également intéressées à être fixées là-dessus. Sinon, il y aura des dupes, et c'est toujours pénible d'être de celles-là.

*
* *

Rappelons-nous l'origine de la neutralité scolaire. Ce ne fut pas une aumône de liberté laissée par des athées aux catholiques, mais une véritable conquête faite sur ceux-ci par les protestants.

Les Pécaut, les Steeg, les Buisson (celui-ci première manière), presque tous les fondateurs et les théoriciens de l'école laïque ont été des protestants, rancuneux de l'Édit de Nantes, qui avaient formé le projet de décatholiciser tout doucement la France, mais sans ébranler les deux dogmes fondamentaux de leur confession comme de la nôtre, l'existence de Dieu et l'immortalité de l'âme. Ils se contentaient de dire au Pape de Rome : « Ote-toi de là que Calvin s'y mette. »

Les temps ont marché. Pécaut et Steeg sont morts, le citoyen Buisson a mal tourné. Le matérialisme athée des Loges a débordé dans les revues primaires, puis dans les livres de classe. Hæckel a fait tort à Calvin. Jules Simon,

Vacherot, Caro, MM. Fouillée et Rabier descendus sur l'horizon, on a vu se lever des astres nouveaux, MM. Lévy-Bruhl, Durchkeim, Albert Bayet. C'est le socialisme et l'évolutionnisme, c'est le progrès scientifique, paraît-il, qui s'exprime en eux. Bref, au-dessous de quarante ans, il n'y a presque plus d'instituteurs spiritualistes. Les maîtres des écoles normales ne l'étant plus, les revues pédagogiques pas davantage, comment eussent fait les disciples pour continuer de l'être encore ?

Or, la neutralité, c'était proprement le spiritualisme. On était neutre entre les diverses confessions religieuses, sans être contradictoire à aucune. L'athéisme matérialiste d'aujourd'hui est contradictoire à toutes. Aussi les catholiques ne sont plus les seuls à se plaindre. Les pasteurs protestants, comme M. P. Doumergue, par exemple (rien du ministre actuel de l'Instruction publique, quoiqu'il soit lui aussi protestant), ne s'arrêtent pas de gémir. Il n'y a que les juifs dont je n'entends aucune plainte ; la négation de l'immortalité de l'âme ne les gêne pas.

Comment serais-je neutre ? s'écrie l'instituteur de La Chapelle-du-Bard (Isère), sur la tombe du maître de la commune : « *Il n'est peut-être pas de phrase prononcée à l'école laïque qui ne soit une violation de cette neutralité, parce qu'il n'y a peut-être pas un fait scientifique que les religions n'aient pas nié, pas un fait historique qu'elles n'aient pas dénaturé* (1). »

C'est cela même, confirme le président du Grand-Orient, M. Lafferre : « L'histoire, la morale, les sciences positives sont par elles-mêmes en perpétuelle contradiction avec le dogmatisme qui domine et fausse l'enseignement des écoles confessionnelles. Il suffit d'enseigner l'histoire de France à contresens des Loriquets, de glo-

____

(1) *Dépêche Dauphinoise*, extraite par la *Croix* du 5 novembre 1907.

rifier la liberté de conscience et de mettre en relief la beauté des lois naturelles, pour commettre le crime d'hérésie et encourir les anathèmes de l'Église (1). »

Je trouve la justification implicite des paroles de l'instituteur de La Chapelle-du-Bard sous la plume même d'une autorité universitaire. Le recteur de l'Académie de Chambéry, M. Jules Payot, a écrit qu' « on ne devait plus exiger la neutralité »; parce qu'elle est « impossible ». « On en arrive aujourd'hui, ajoute-t-il, à cette situation, qu'*il est impossible* à un esprit affranchi des religions confessionnelles *de prononcer un mot qui soit vraiment neutre* (2). »

*
* *

Comprend-on maintenant ce qui fait la gravité de la situation actuelle pour l'enseignement laïque ? C'est que le compromis de la neutralité spiritualiste qui servait de tampon entre les diverses confessions religieuses, et entre celles-ci et la libre pensée, on ne voit plus comment on s'y prendrait à l'avenir pour le conserver.

Les violations de cette neutralité-là ne sont plus aujourd'hui des exceptions négligeables; les écarts isolés de quelques énergumènes qu'une sévérité opportune ferait rentrer dans le devoir; non, c'est la pratique générale, discrète ou incongrue, elle est presque inévitable, et ceux qui en usent la justifient par le grand dada du progrès scientifique. On se félicite d'être un esprit « affranchi », on aurait honte de ne l'être point.

Formés par leurs professeurs actuels, tenus en haleine par leurs revues autorisées, stimulés d'ailleurs par les politiciens du canton, il est presque aussi impossible aux

(1) *Correspondance de la Ligue de l'Enseignement*, numéro du 8 mars 1908.
(2) Même revue, numéro du 15 avril.

nouvelles générations d'instituteurs de montrer un respect véritable pour la « superstition romaine » qu'à de la
farine de sortir de chez le charbonnier. Je ne les accuse
pas, je les explique.

Mais, d'autre part, la conscience des parents catholiques n'est pas moins exigeante, je l'espère et le souhaite,
qu'autrefois. Elle est même devenue plus susceptible, à
mesure que plus foulée. Alors? Alors c'est l'inévitable
conflit, c'est la guerre civile introduite dans chaque village, toutes les fois qu'en face d'un instituteur sans précautions se dressera un père catholique sans timidité.

Nos confrères libéraux qui plaident encore la neutralité
sur le dos de tel ou tel instituteur intempérant n'ont peut-
être pas assez réfléchi ni à l'origine spéciale et au but
lointain de cette neutralité, ni à son impossibilité présente de subsister, après vingt-cinq ans d'entraînement
matérialiste.

Le Gouvernement, mieux informé, sait davantage à
quoi s'en tenir. Il prévoit que les incidents deviendront
fatalement de plus en plus nombreux et inévitables. C'est
pourquoi il a déposé coup sur coup, en huit jours, deux
projets de loi, un pour intimider les plaignants, l'autre
pour couvrir les inculpés.

Si l'on doutait encore que la neutralité est impos-
sible, qu'on lise les lignes suivantes, parues dans le
Volume, revue pédagogique dont le recteur Jules
Payot est directeur.

Nous allons expier l'erreur commise par les fondateurs de l'enseignement laïque qui, pour ne pas effrayer
les adversaires, ont introduit cette notion de *neutralité*
qui, à l'expérience, paraîtra une impossibilité. Jamais le
parti clérical ne considérera comme *neutre* l'impartialité
scientifique et la loyauté d'une conscience qui examine le
pour et le contre. Il est impossible d'enseigner l'histoire,

l'instruction civique, la morale, sans manifester des préférences, et, comme le disait M. Bompard, inspecteur général : « On ne traduit pas, on ne commente pas une page de Démosthène, de Tacite ou de Pascal, sans prendre parti. On n'est pas neutre entre la vérité et le mensonge. Il faut choisir. Il faut dire où l'on va quand on se charge de conduire les autres. » Les adversaires de la République vont exploiter contre l'enseignement national une impossible neutralité, et, puisqu'ils ne peuvent le détruire, ils vont essayer, par l'intimidation, de réduire l'enseignement des instituteurs à l'insignifiance (1).

Pour mieux édifier le lecteur, entrons dans le détail.

Comment rester neutre, par exemple, devant une Jeanne d'Arc, le « miracle de Dieu », comme l'appelaient nos pères ?

M. Claude Augé, parlant de ses voix, dit tout simplement, après Michelet et tous les « laïques » qui ont glorifié la « patriote » aux dépens de la « sainte » : « Dans la solitude des prairies, au son des cloches, Jeanne se livrait à des *rêveries pieuses.* « J'entends des voix », disait-elle.. (2).

« On parle de Jeanne d'Arc, des voix qu'elle *a cru entendre,* disait M. Dessoye au Congrès de Biarritz (octobre 1905). Comment expliquer ces voix ? Par le miracle ou par l'hallucination ? L'école laïque n'étant ouverte qu'aux vérités positives, rigoureusement démontrées, la *théorie du miracle n'y saurait trouver place.* » Et M. Bienvenu-Martin, ministre de l'Instruction publique, concluait : « *Autant fermer l'école laïque* que d'admettre la neutralité comme l'entendent certains. »

(1) Revue pédagogique *le Volume,* numéro du 27 juin.
(2) *Histoire de France,* livre II, p. 93. Cf. livre Ier, p. 61.

Un autre point nécessairement touché dans les livres de science, c'est la question de l'origine de l'homme et de la création. Là encore, comment rester neutre entre ceux qui donnent à l'homme Dieu pour père et ceux qui lui donnent pour père le singe ? N'aura-t-on pas, par hasard, inscrit tant d'histoire, tant de sciences, tant de géologie au programme des écoles primaires, afin de mieux glisser les pires théories rationalistes sous couleur de science (1) ?

Mais une autre question se pose : Lorsque, en 1884, l'instruction fut déclarée obligatoire et neutre, la loi qui la promulguait fut attaquée énergiquement par les catholiques, qui comprenaient le mal qu'elle allait causer. Et pourtant c'est cette même neutralité, si difficilement acceptée alors, que l'on revendique aujourd'hui. N'y a-t-il pas là contradiction ? A cette demande la *Croix du Nord* répondait le 13 août :

Quelques-uns s'étonnent de voir les catholiques, si opposés à l'enseignement neutre, unanimes jadis à déclarer son impiété et son impossibilité, l'invoquer aujourd'hui, se liguer pour l'imposer à l'instituteur. Et ils se demandent : d'où vient ce changement ?

La réponse est très simple.

Il n'y a pas de changement.

Mais les choses s'envisagent tantôt par le côté spéculatif, tantôt par le côté pratique.

Ces deux questions sont bien différentes : la première : « Que dois-je penser de cet homme, de cette institution ? » La seconde : « Comment me comporter vis-à-vis de cet homme ou de cette institution ? » Parce que je suis convaincu que M. Huntel est un coquin, il ne s'ensuit

(1) Revue catholique : *Les livres nouveaux*.

pas que j'appellerai **M. Huntel** un coquin. La France ne se croit pas tenue à faire la guerre à l'Allemagne parce que l'Allemagne lui suscite des ennuis au Maroc.

Revenons à notre propos.

Rien n'a fléchi dans l'opinion de tous les catholiques sur la neutralité de l'école.

Ils savaient, même avant que la loi fût promulguée, que cette neutralité est impie, que cette neutralité est impossible. Expérience faite, ils le savaient mieux encore.

L'école neutre est impie à cause même de sa neutralité, c'est-à-dire de son silence sur Dieu et sur nos devoirs à l'égard de Dieu. Puisque la société civile, puisque le Gouvernement se charge d'instruire nos enfants, avant de leur apprendre à lire, à écrire ou à compter, il doit leur apprendre qu'ils ont un Dieu à servir, une âme à sauver, un enfer à éviter, un paradis à mériter. Et quand même il prétexterait misérablement qu'il se trouve en face d'enfants catholiques, protestants ou juifs, il y aurait à lui répondre que, très habituellement, ce mélange n'existe que dans son imagination, que, même dans ce mélange, il ne troublerait aucune confession religieuse, puisque la religion catholique, la religion protestante, la religion juive, s'entendent pour enseigner l'existence de Dieu, l'immortalité de l'âme, une récompense éternelle pour les bons, un châtiment éternel pour les méchants.

L'école neutre est impossible. L'homme n'est pas indifférent entre le bien et le mal, entre la vérité et le mensonge, entre l'Église et les doctrines antireligieuses. Lui défendre de pencher vers le bien, vers la vérité, vers l'Église, c'est le précipiter vers le mal, vers l'erreur, vers l'impiété.

Cela devrait être, cela est.

Écoutons *M. Aulard,* professeur à la Sorbonne, expliquant à sa manière la neutralité : « Ne disons plus : nous ne voulons pas détruire la religion. Disons au contraire : nous voulons détruire la religion » ; M. Buisson réclamait pour les instituteurs le droit de s'inspirer de la Libre Pensée.

Donc la neutralité ne doit pas être ; donc, la neutralité n'est pas.

Jamais la conscience n'acceptera ce principe honteux et menteur.

— Alors, pourquoi l'imposer aux instituteurs, pourquoi liguer les chefs de famille pour en assurer le maintien ? Vous ne le voulez pas pour vous, vous l'invoquez contre autrui ?

— Parfaitement. Jamais, jamais nous n'accepterons le principe de la neutralité, toujours nous déclarerons qu'il offense la foi catholique et le droit de l'enfant baptisé. C'est en quoi nous nous séparons nettement du *Journal des Débats* et d'un certain nombre de prétendus libéraux. Eux n'objecteraient rien contre le statut scolaire s'il était loyalement respecté.

Telle n'est pas notre situation. Mais parce que nous ne voulons pas de la neutralité pour nous, sans dérogation à nos principes, sans contradiction avec nous-mêmes, sans accorder la moindre concession, dans une intransigeance absolue en fait de doctrine, nous pouvons très bien dire à nos adversaires et nous leur disons :

« Cette loi impie que vous avez faite contre nous, nous la retournons contre vous. Subissez-la puisque vous l'avez édictée. Vous nous avez promis le silence, nous ne vous permettrons pas d'en sortir par le blasphème et par l'injure. Au nom de la neutralité, dites-vous, nous n'enseignons pas que Dieu existe, que Jésus-Christ est Dieu ; au nom de cette même neutralité, nous vous défendons d'enseigner que Dieu n'existe pas, que Jésus-Christ n'est pas Dieu. »

Tel est notre langage, telle sera notre conduite. Je n'y vois rien qui étonne ou qui blesse le sens catholique, la délicatesse de la foi. La vérité n'est pas amoindrie, et nous ne contristerons pas la victoire par une de ces défaillances de la doctrine auxquelles l'Église préférerait même la défaite.

Le terrain choisi comme terrain de combat est excellent pour deux raisons : la première est qu'il déplaît à nos ennemis ; la seconde, qu'il convient à nos amis. Il déplaît à nos ennemis. Leur colère est instructive ; tout de suite ils ont eu récours à la violence et aux lois tyranniques. Ils menacent de déclarer le père déchu de la puissance paternelle. Revêtu d'un pouvoir souverain, l'instituteur enseignerait au nom d'un État infaillible. Amende et prison contre quiconque refuserait de professer la croyance laïque. C'est l'excommunication. La colère les a conduits à ce point.

Le même terrain convient à nos amis.

Ils en aiment la largeur. Tout le monde y peut accéder. Il suffit de vouloir que Dieu et que la patrie ne soient pas insultés dans l'école. Comment ne point accepter un tel programme et quel programme lui opposer ?

Ils en aiment la solidité. Et en effet, ils y paraissent inexpugnables. Ils ont pour eux la loi, l'opinion publique ; ils invoquent la liberté, la dignité de la famille. Ils ne cherchent querelle à personne. Ils distinguent très bien parmi les instituteurs. Ceux qui respectent la croyance de leurs écoliers n'ont rien à craindre ; il est bon que ceux qui ne la respectent pas soient avertis que leur impiété les expose au châtiment. L'Université elle-même gagnerait à cette surveillance que les parents exerceraient sur des fonctionnaires qui, après tout, ne sont que leurs délégués. Elle-même a souvent exprimé le désir de cette collaboration ; la voici servie suivant son souhait.

Sur ce même sujet, le jugement de M#gr# Laurans, évêque de Cahors, n'est pas moins catégorique :

Repousser de mauvais projets de lois, ce n'est pas suffisant, il faut briser l'Idole des lois scolaires existantes.

La première des lois dont il faut obtenir la révision est celle de la neutralité scolaire. On nous permettra de dire ici toute notre pensée : de tous côtés on réclame le respect de la neutralité, on proteste contre la violation de la neutralité, on s'organise pour assurer le respect dû à la neutralité. Nous croyons qu'on fait fausse route, et que les revendications des catholiques ne peuvent ni ne doivent se formuler ainsi.

La neutralité, c'est l'indifférence religieuse proclamée à l'école, c'est l'égalité de toutes les religions officiellement reconnue, c'est Dieu maintenu hors du local scolaire, parce qu'on prétend enseigner sans lui, c'est l'autorité de l'Église exclue de l'école, sur laquelle on ne veut pas qu'elle exerce aucun droit. Nous comprenons la neutralité scolaire subie momentanément comme un moindre mal, nous réclamons le respect de la neutralité comme un minimum de droit que la loi nous laisse encore, mais nous réclamons et réclamerons toujours le rétablissement à l'école des droits de Dieu et de la religion. Ces revendications, nous le savons très bien, n'aboutiront pas immédiatement à un heureux résultat, aussi bien sommes-nous résolus à les renouveler, car c'est l'œuvre nécessaire, il faut que l'*Idole soit brisée*.

Un autre écrivain éminent, Mgr Baudrillart, interviewé par le journal *l'Univers*, faisait dernièrement les déclarations suivantes, qui résument admirablement, nous semble-t-il, ce que l'on doit penser de la neutralité scolaire et de sa possibilité.

— Tout d'abord, que pensez-vous, Monseigneur, du principe de la neutralité ?

— Ce qu'il faut en penser ? Mais il n'y a pas de doute à avoir, au point de vue catholique. La doctrine de l'Église, les enseignements répétés des Souverains Pontifes sont formels : le principe de la neutralité en matière d'enseignement est un principe faux. Faux, parce qu'on ne peut sans faillir se désintéresser des principes fondamentaux qui constituent la religion ; faux, parce qu'il n'y a pas de juste milieu possible, ni d'indifférence acceptable, entre la vérité et l'erreur, entre le bien et le mal. Aussi, n'est-ce pas au point de vue *principe* que les évêques revendiquent la neutralité scolaire, et que nous devons la réclamer, mais au point de vue *tactique*. Il y a, en somme, trois sortes d'enseignement : l'enseignement religieux, l'enseignement neutre et l'enseignement hostile Il est assez clair, après tant d'années de luttes, que nous ne pouvons obtenir un enseignement officiel religieux ; il faut donc bien nous contenter d'obtenir au moins l'enseignement strictement neutre, celui qui nous avait été promis, pour nous sauver de l'enseignement hostile. C'est un minimum, sur lequel nous nous rabattons ; et c'est pourquoi il n'y a pas, quoi qu'on en dise, de contradiction entre notre attitude d'aujourd'hui et notre attitude d'hier.

— Mais la neutralité vous paraît-elle possible en fait ?

— Oui et non. Oui, au moins pour ce qui concerne l'enseignement élémentaire. Car, dans ce cas, il s'agit surtout de donner à l'enfant des notions primordiales et pratiques, des leçons de choses immédiates sans qu'il soit nécessaire de les synthétiser, ni de les ramener à des idées générales que l'enfant, d'ailleurs, est incapable de saisir. Si on se bornait, comme autrefois, à apprendre aux enfants de nos écoles primaires à lire, à écrire, à compter, avec une his-toire très élémentaire, réduite au récit des faits principaux, la neutralité serait possible.

Mais si, de l'enseignement élémentaire, on passe à l'enseignement primaire supérieur, — à plus forte raison à l'enseignement secondaire, — la neutralité devient impossible, car on ne peut enseigner l'histoire sans idées, les sciences naturelles sans idées, etc., etc. Et c'est pourquoi, par neutralité, on avait simplement entendu à l'origine la neutralité entre les différentes confessions religieuses, avec un accord sur les principes de la philosophie spiritualiste et de la religion naturelle, l'idée de Dieu, par exemple. Mais aujourd'hui, les hommes au pouvoir confondent neutralité avec *laïcité* absolue, dans le sens nouveau que l'on a donné à ce mot de laïcité ; d'où, par exemple, l'*expurgation* de nos auteurs classiques, des exemples de la grammaire, d'où l'on fait sortir tout mot religieux. C'est ce qui rend l'accord impossible.

CHAPITRE II

Les Maîtres de l'école laïque.

Qui ne connaît ce dicton populaire qui ne manque pas de justesse : « Tant vaut l'instituteur, tant vaut la classe »? De graves devoirs et une grande responsabilité pèsent, en effet, sur l'instituteur, c'est lui qui jette dans l'âme des enfants les semences du bien et du mal; il reproduit sa propre image dans l'âme des enfants ; la formation morale émane en grande partie de lui : l'influence du bon, du mauvais exemple surtout est, de sa part, décisive pour l'avenir de ses élèves...

La crise que subit en ce moment l'enseignement laïque est donc essentiellement le fait des instituteurs. Chaque jour apporte une nouvelle preuve à cette vérité. C'est donc surtout vers la réforme des maîtres que doivent tendre les efforts des catholiques. Mgr Delamaire écrivait dernièrement, répondant à l'enquête ouverte par la *Croix* sur l'avenir de nos enfants :

L'un des plus importants devoirs de l'heure actuelle, est celui, — non de combattre l'école laïque qui pourrait être si belle et si respectée, — mais de la protéger contre son ennemi, le mauvais instituteur, contre l'instituteur qui ment, blasphème et dresse ses élèves à la révolte et à l'antipatriotisme.

M. Lecigne, professeur de littérature française aux Facultés catholiques de Lille, retrace comme dans un

portrait vivant les ruines causées par le mauvais instituteur.

Si vous interrogiez nos petits curés de campagne, ils
vous diraient sur ce point des choses navrantes. Deux
chaires sont en présence dans chacun de nos villages : la
chaire du prêtre et la chaire de l'instituteur. L'une le plus
souvent contredit l'autre. Six jours de la semaine et huit
heures par jour, l'instituteur a sous la main des cerveaux
d'enfants. L'histoire qu'il enseigne est trop fréquemment
une satire perpétuelle du rôle de l'Église, une odieuse
caricature de son action dans la vie française. La morale
qu'il débite non seulement est en dehors du dogme, mais
très souvent en opposition avec lui. En principe, elle le
méconnaît; en réalité, elle le combat. La création, la chute
originelle, toutes les croyances sur lesquelles repose la religion chrétienne sont niées, ridiculisées, dans ces manuels
qui sont « le livre du maître » et qu'il distribue par tran-
che à ses jeunes disciples. En face de lui le prêtre se
dresse. Mais que voulez-vous qu'il fasse ? Le temps lui est
ménagé parcimonieusement. S'il empiète sur les heures de
classe, on le traduit devant les tribunaux. L'enseignement
qu'il donne n'a point de sanction officielle ; il est exclu
des programmes d'examen et comme relégué en marge
de la vie. Il affirme, au nom d'une autorité invisible, ce
qui fut nié au nom de la « nouvelle idole », de cette
science que les enfants s'habituent à voir présente et
comme incarnée dans la personne de l'instituteur primaire.
Un bon curé me disait encore, la semaine dernière :
« Quelle tristesse de faire le catéchisme ! Mes enfants
sont déjà des sceptiques ; ils sourient en me récitant les
formules du livre ! »

Voilà donc des consciences dévastées dès la première
heure, en proie à l'ironie religieuse, à l'orgueil, à la négation. Ces enfants sourient aujourd'hui devant la page de
leur catéchisme ; ils souriront plus tard devant l'affiche

électorale où nos candidats parleront des attentats commis contre l'Église, contre ses droits et contre ses franchises.

Ce n'est point seulement dans nos campagnes : c'est encore et peut-être surtout dans les cités ouvrières que l'on peut constater cette lutte toujours renaissante entre le prêtre et l'instituteur. Mais ce n'est point exclusivement sur le terrain religieux que les instituteurs sont répréhensibles, ils ne s'arrêteront pas là ; nous les trouverons aussi en défaut en ce qui concerne la morale, l'honneur et le patriotisme.

Les instituteurs ne sont pas les seuls coupables... et la responsabilité n'est pas moins grande pour ceux qui les poussent dans la voie où ils sont engagés. Telle est l'opinion de M. de Mun. Le grand écrivain et orateur catholique écrivait dans le *Gaulois*, à propos de l'interpellation sur la révocation du citoyen Roux-Costadeau, instituteur antimilitariste.

M. Ferdinand Buisson, dit fit entendre cette parole remarquable : « Si le corps tout entier des instituteurs est si malade, il y a deux hommes qui ont fait le mal : ces deux hommes, ce sont Jules Ferry et Waldeck-Rousseau. » On ne saurait résumer plus justement l'histoire d'un quart de siècle. Seulement, M. Buisson est trop modeste : il y en a un troisième, et c'est lui-même.

Le dévergondage moral où se ruent présentement les maîtres de l'école sans Dieu est bien, en effet, l'œuvre de ceux qui les ont recrutés, embrigadés, gonflés d'orgueil, en vue d'une besogne avouée, la destruction de l'éducation chrétienne et traditionnelle.

C'est pourquoi ce pauvre homme de la Drôme, coupable d'avoir traduit en un langage trop pittoresque les déclarations des pacifistes de marque, éveille en moi plus de pitié que de colère. Ce n'est pas contre lui que je me sens indigné, mais contre les vrais responsables qui, depuis vingt-cinq ans, travaillent à déformer l'âme française.

Ainsi, d'après M. Buisson lui-même, « le corps tout entier des instituteurs est malade ». Rapprochez cet aveu de celui de M. Doumergue, au banquet de la Ligue de l'Enseignement : « Il se peut qu'il y ait des défaillances »... et vous serez forcés de convenir qu'ils doivent être bien graves les méfaits des instituteurs, pour que ceux-là même qui les protègent, soient obligés de reconnaître publiquement leurs torts.

Les catholiques ne sont pas les seuls à accuser les instituteurs et le Gouvernement. Les amis de l'école laïque, partant d'un autre point de vue, arrivent à la même conclusion. Un journal local, que l'on ne peut suspecter de cléricalisme, le *Cambrésis*, après avoir déploré la crise que subit en ce moment l'école laïque, s'exprime ainsi :

A qui la faute ? Aux instituteurs eux-mêmes, il faut en convenir, ou, du moins, à eux d'abord. Un trop grand nombre délaissent leur mission — assez belle et haute pourtant, s'ils la savaient comprendre — pour politiquer au village, et de la pire façon. Quelques-uns même font de leur modeste chaire une tribune. Ne parlons pas des syndicats où un trop grand nombre d'entre eux se sont groupés, et dont l'attitude est quasi insurrectionnelle.

A côté des syndicats, il y a, nous le savons, les Amicales, non affiliées aux Bourses du travail, et qui ont pour elles le mérite de la légalité. Mais on n'ignore pas quelle influence ont dans leurs rangs les agités et les énergumènes, et combien facilement elles se transforment. Donc, une grande part de responsabilité dans la présente crise incombe aux distributeurs de l'enseignement primaire, oublieux de ce qui est leur fonction essentielle pour des besognes à côté, souvent mauvaises ; oublieux aussi de leur état de fonctionnaires et du devoir de discipline qu'il implique. Mais le Gouvernement doit, de son côté, faire son *meâ culpâ*. Car sa faiblesse contre les premiers et graves manquements à cette discipline en a encouragé d'autres. Pour n'avoir pas sévi tout d'abord, il s'est vu reprocher, comme les retours d'une volonté « réactionnaire », ses essais de résistance. De là l'indécise et fausse situation qui a duré depuis des années, mais qui, maintenant, tend à l'aigu.

Dans sa lettre ouverte au ministre de l'Instruction publique, Mgr Turinaz, évêque de Nancy, montre également la responsabilité qui incombe aux gouvernants et les conséquences qui sont inévitables.

'Vous avez poussé vos instituteurs sur des pentes fatales ; ils ne s'arrêteront pas. Vous leur avez appris, vous les avez chargés d'enseigner qu'il n'y a ni Dieu ni maître. Mais les maîtres pour eux, c'est vous, Monsieur le Ministre, ce sont leurs chefs que vous appelez les autorités scolaires ou académiques. Ils se grouperont en syndicats indépendants et repousseront tous leurs maîtres.

Au lieu de les maintenir dans la mission humble, mais si honorable et si respectée qui leur était confiée autrefois, vous les avez constitués les instigateurs de toutes les divisions dans nos villages. Certes, il est d'importantes exceptions, mais un grand nombre d'entre eux outragent les croyances, bravent l'opinion, blessent les sentiments les plus profonds de la nature humaine, les sentiments de l'autorité et de l'amour paternels et maternels, et violent des droits sacrés. Croyez-vous que cela sera toléré toujours ? Ne craignez-vous pas que l'enseignement laïque ne soit profondément atteint, et même détruit par l'anarchie des instituteurs et par une indignation que le peuple ne pourra plus contenir ?

2*

Un souffle d'insurrection contre toute autorité pousse les instituteurs à l'anarchie. L'anarchie des instituteurs, hélas ! devient un fait qui augmente tous les jours. M. Doumergue doit savoir à quoi s'en tenir sur ce point, et peut-être intérieurement commence-t-il à craindre de n'être pas toujours le maître du personnel enseignant. Ses craintes en tous cas ne seraient pas sans fondements. La *Croix du Nord* rapporte ce fait qui est significatif des instituteurs protestant contre la révocation d'un des leurs et lui assurant un traitement mensuel ; l'article est intéressant et instructif, nous le citons en entier.

Anarchistes dangereux.

Vous connaissez le sieur Roux-Costadeau ? Non ? Voyons, rappelez-vous cet instituteur qui, en réunion publique, déclara tout bonnement qu'en cas de guerre la première chose à faire pour le prolétariat serait de fusiller le Président du Conseil, ses collègues et les membres des deux Chambres, — si le Gouvernement français avait refusé de recourir préalablement à l'arbitrage.

Dès qu'ils apprirent cette nouvelle que quelqu'un avait osé émettre l'idée de les fusiller, nos gouvernants furent en proie à une émotion intense.

Blasphémer Dieu, outrager la religion et le clergé, bourrer les âmes des enfants du plus abject matérialisme, soit !

Mais tenir des propos aussi inquiétants pour leur peau ! Non, c'était un crime, et on le fit bien voir au Roux-Costadeau.

Au lieu de recevoir de l'avancement comme le Morizot qui n'avait outragé que l'armée, la religion et la morale, ce dangereux aliboron fut révoqué d'un sec et tranchant trait de plume.

Naturellement le F∴ Buisson interpella. Mais la Chambre, par 472 contre 70, approuva le ministre. N'avait-il pas été question de mettre au mur tous nos Quinze-Mille ?

M. Doumergue, le ministre de l'Instruction publique, remporta ce jour-là une magnifique victoire.

Mais voici où les choses se compliquent :

La Fédération des Amicales de France — qu'il n'était pas question de fusiller dans le discours du sieur Roux-Costadeau — ne s'est point sentie atteinte par ses paroles, mais s'est crue touchée par sa révocation.

C'est pourquoi elle vient d'adresser à toutes les Amicales adhérentes une circulaire pour les inviter à voter non pas un secours temporaire, mais des subventions régulières pour assurer au fusilleur Roux-Costadeau un traitement mensuel, pour remplacer celui qu'il a perdu.

C'est donc à peu près tout le corps enseignant, ou du moins la partie la plus agissante et la plus influente de l'armée pédagogique qui se solidarise avec ce singulier éducateur des enfants du peuple.

Le ministre avait affirmé à la tribune que l'ensemble du corps enseignant n'avait rien de commun avec cet individu et réprouvait ses sauvages doctrines.

Et voici que le dit corps enseignant lui inflige le plus sanglant démenti et prouve qu'il ne voit rien d'exorbitant dans les plans politiques du collègue Roux-Costadeau.

Alors, de deux choses l'une : ou bien M. Doumergue a menti à la tribune, ou bien cet étrange ministre de l'Instruction publique ignorait complètement l'état d'esprit de son personnel.

Le voilà aujourd'hui complètement renseigné, et il peut se rendre compte de la témérité de son projet de loi qui ferait désormais endosser à l'État toutes les frasques de ce personnel émancipé.

Et le public aussi reçoit là une utile leçon. Il a un indice de plus de la profonde désorganisation mentale et morale de l'ensemble des éducateurs chargés d'élever nos petits Français.

Ce n'est pas une loi les mettant au-dessus des lois qu'il faut faire pour nos instituteurs nouveau-siècle, mais une loi les plaçant sous la haute surveillance de la police comme les anarchistes dangereux.

Ce n'est pas seulement contre leurs chefs et leurs protecteurs que les instituteurs se dressent, ils se posent en adversaires de la justice, ils se révoltent contre les arrêts de la Magistrature. Lisez plutôt :

Il y a quelques semaines, l'Amicale de la Côte-d'Or a lancé cet appel à toutes les Amicales de France :

A tous nos camarades institutrices et instituteurs.

« Le jugement rendu par le tribunal des conflits au sujet de l'affaire de notre collègue Morizot vous a, comme nous d'ailleurs, profondément émus.

« C'est la consécration du jugement précédemment rendu par la cour de Dijon, jugement dont l'un des considérants peut causer le plus grand mal à l'école laïque et à ses maîtres.

« En conséquence, nous vous prions de bien vouloir intervenir aussi rapidement que possible auprès de vos élus, députés et sénateurs, défenseurs de nos écoles, en leur demandant de soutenir de leurs votes le texte législatif qui ne peut que leur être soumis à bref délai, texte qui doit nous protéger contre les agissements de plus en plus fréquents et de plus en plus haineux de nos éternels ennemis. »

Après une phrase de commentaire sur le projet attendu et qui est arrivé à point, le président, M. Carteret, instituteur à Saint-Seine-l'Abbaye, ajoute : « Je serai heureux de connaître et vos démarches et leurs résultats. »

Ainsi, voici un instituteur qui se met à la tête d'un mouvement de protestation contre les arrêts des plus hautes juridictions de notre pays, et qui prend parti publiquement pour le trop fameux Morizot, hervéiste impénitent, et invite tous ses collègues à faire cause commune avec lui (1) !

Le spectacle est désolant, mais qui pourrait s'en étonner ? — L'instituteur est un homme aigri, la République lui a beaucoup promis, et n'a presque rien tenu... Avec beaucoup de pitié et d'indulgence, la *Dépêche* le montre, au cours d'un article sur le mal primaire.

La morale à dégager, c'est que nous allons, si l'on n'y met bon ordre, vers de belles catastrophes. Les pères de famille comprennent ce danger sans trop oser élever la voix. Ils ont peur de l'instituteur qui, non content de répandre ces doctrines à l'école, les propage au cabaret, dans les réunions publiques, car cet homme est un aigri. La République lui a beaucoup promis, et elle n'a pas tenu grand'chose... On l'a mis depuis vingt-cinq ans sur un véritable piédestal ; on lui a dit : « Avant la République, qu'étais-tu ? Rien. Sous la République, que dois-tu devenir ? Tout. Car c'est toi qui possèdes la science et qui dois la communiquer au peuple.. » Puis, après avoir ainsi exaspéré l'amour-propre du maître laïque, on l'a laissé, en fait, dans une condition des plus modestes et des plus rudes, avec les appointements les plus maigres.

Le fait suivant montre jusqu'à quel point les instituteurs profitent des conseils qui leur sont donnés et comme ils veulent être partout les maîtres, il est cité par M. Franc-Nohain dans l'*Écho de Paris*.

Ceci dépasse vraiment tout ce qu'on peut imaginer.

(1) *L'Éclair* du 16 juillet.

Il y a, à Pont-à-Mousson, deux Sociétés de gymnastique paroissiale, l'Union Saint-Laurent et la Légion Saint-Pierre-Fourier.

Ces Sociétés, régulièrement constituées et autorisées, avaient été tout naturellement invitées, comme les Sociétés similaires, à prendre part à la revue du 14 juillet.

Mais, lorsque MM. les instituteurs de Pont-à-Mousson eurent connaissance du programme élaboré par la Commission municipale des fêtes et adopté par le Conseil, MM. les instituteurs déclarèrent sans ambage *qu'ils se refusaient à paraître à la revue avec leurs élèves, si les Sociétés des deux paroisses y devaient assister*.

Vous vous demandez, n'est-ce pas, de quoi se mêlaient MM. les instituteurs, et si ce sont les instituteurs qui ont charge d'administrer la commune de Pont-à-Mousson... ?

Et, sans doute, supposez-vous que le maire n'avait qu'à prévenir l'autorité supérieure, inspecteur d'Académie, ou préfet, pour que les dits instituteurs fussent rappelés à une appréciation plus juste de leurs devoirs, et des convenances, et nettement avertis qu'il ne leur appartenait pas d'adresser de telles mises en demeure à la municipalité ?

Or, non seulement les instituteurs ont, dans la circonstance, trouvé un appui auprès de leurs chefs hiérarchiques, mais le préfet manda le maire, tout exprès pour l'engager à céder à la volonté de ces messieurs, et à rayer du programme les deux Sociétés qui avaient le tort de leur déplaire.

A la suite de ces incidents, le Conseil municipal de Pont-à-Mousson a voté cet ordre du jour, dont les termes sont excellents, et qu'il convient de reproduire :

Le Conseil municipal, considérant :

1° Que l'intervention de MM. les instituteurs auprès de M. le maire, au sujet du programme des fêtes du 14 juillet, était tout à fait déplacée et contraire aux règles de la discipline, quel que soit l'ordre ou l'esprit qui a pu les guider ;

2° Que toutes les Sociétés mussipontaines fondées avec l'autorisation du Gouvernement de la République ont pour mission patriotique d'enseigner les exercices physiques de la gymnastique et du tir à la jeunesse, qu'il n'y avait pas lieu d'évincer du programme des fêtes telles ou telles Sociétés qui, toutes, ont même tâche, mêmes devoirs, tendent au même but, ont droit aux mêmes égards de la part de la municipalité et de tous les citoyens ;

Prie M. le maire de rappeler à MM. les instituteurs la loi du 5 nivôse an II ; les invite à l'avenir à ne pas sortir de leur rôle vigilant d'éducateurs pondérés et impartiaux de la jeunesse républicaine.

Évidemment, on ne saurait mieux dire...

Mais si vous croyez que la loi du 5 nivôse an II a été faite pour MM. les instituteurs de 1908 !...

Cette délibération du Conseil municipal de Pont-à-Mousson est à remarquer et à imiter... Si toutes les municipalités agissaient avec la même impartialité et la même énergie, MM. les instituteurs auraient peut-être compris depuis longtemps qu'ils devaient se tenir à leur place.

Mais il est temps de prouver à ceux qui pourraient douter encore que les réclamations formulées de toutes parts n'ont rien d'exagéré et que l'enseignement des maîtres de l'école laïque est antireligieux, antimoral et antipatriotique. Les faits que nous citons ont été publiés dans divers journaux, au cours de ces derniers mois, sans avoir été jamais démentis, ce silence est un aveu dont nous n'avons pas besoin de souligner la valeur... *L'incident de Herrère* nous donne un exemple lamentable de la guerre qui est faite aux croyances dans l'école primaire.

Mgr Gieure raconte lui-même en ces termes l'incident de Herrère. Dans cette commune des Basses-Pyrénées, l'instituteur développait devant ses élèves les propositions suivantes :

Jésus-Christ n'est pas Dieu ; il est un homme comme les autres ; les miracles qu'on lui attribue sont de pures fables... C'est être simple, imbécile, que d'aller se confesser. Les prêtres se rient bien de ceux qui se présentent à eux... Le Pape n'est pas infaillible... Les curés font de la religion un commerce et un marchandage... La religion chrétienne, que les hommes instruits abandonnent de plus en plus, n'a été et ne sera qu'une cause de ruine pour les nations...

C'est fin octobre 1906 que furent tenus ces propos et d'autres du même goût dans la classe de Herrère.

L'émotion fut vive dans ce village, lorsque les enfants rapportèrent ces enseignements à leurs parents.

Une enquête fut instruite sur notre ordre. Le *Bulletin religieux* publia le résultat de l'enquête. Les faits étaient exacts.

Le 30 octobre 1906, les pères de famille adressent une plainte à M. l'inspecteur d'Académie ; ils constatent que la neutralité scolaire est outrageusement violée, et ils demandent qu'on oblige l'instituteur à s'en tenir aux matières du programme scolaire.

La lettre reste sans réponse.

Le 28 novembre, autre plainte de la majorité des pères de famille, adressée cette fois à M. l'inspecteur d'Académie et à M. le préfet, demandant le déplacement de l'instituteur.

Point de réponse encore.

Le 2 décembre, les plaignants avertissent M. l'inspecteur d'Académie qu'ils garderont leurs enfants chez eux s'ils n'obtiennent pas satisfaction.

La semaine suivante n'apportant aucune réponse, M. le curé de Herrère donnait aux parents le conseil de garder chez eux leurs enfants, de faire la grève scolaire. Le conseil fut suivi par la majorité des pères de famille.

Deux jours après, enfin, M. l'inspecteur primaire vint faire une enquête. Aucun enfant ne se déjugea ; tous maintinrent leurs affirmations. On ne sut jamais le résultat de l'enquête ; mais on laissa entendre qu'une pression aurait été exercée sur les parents et les enfants et que leurs dépositions auraient été influencées. Aussitôt, les pères de famille adressèrent à M. l'inspecteur d'Académie une vigoureuse protestation contre ces insinuations fausses.

Préfet et inspecteur gardèrent le silence. La grève de l'école fut maintenue. M. le curé de Herrère fit mieux : avec un courage et un zèle auquel nous rendons hommage, au prix de sacrifices considérables, il ouvrit, trois mois après, une école libre ; depuis, les deux tiers des élèves de Herrère peuplent son école.

Pendant que les pères de famille se débattaient péniblement sans même obtenir de réponse de la préfecture ou de l'Académie, l'instituteur de Herrère se défendait publiquement dans les journaux. Ses réflexions sont topiques et méritent d'être citées :

Il me semble l'autre jour avoir entendu M. Viviani, un ministre, s'il vous plaît, déclarer aux applaudissements unanimes que l'œuvre républicaine est *d'éteindre les lumières qu'on avait allumées dans le ciel...* Pensez-vous qu'à votre voix les inspecteurs se feront aussitôt inquisiteurs pour la foi et partiront en enquête ?...

Et M. l'instituteur de Herrère reprend pour les confirmer ses blasphèmes et ses injures.

... Le catholicisme a été pour ceux qui s'abandonnaient à lui une école de servilité mentale et morale, d'abaissement et de grossièreté. Partout où le clergé romain a régné en maître, il n'a laissé après lui que des mœurs grossières, des ténèbres grossières et opaques, le mépris de la justice, l'ignorance totale de la liberté et l'absence de toute dignité individuelle...

... Sous prétexte de *neutralité*, faut-il donc tromper ou laisser grossièrement tromper l'enfant ? N'est-ce pas digne et sage, au contraire, de la part de l'éducateur laïque, de s'employer à le mettre en garde contre des préjugés et des erreurs, d'où qu'ils viennent, dont le plus clair résultat doit être de faire de lui plus tard un instrument et une dupe.

... La Réforme a rejeté les pratiques catholiques comme n'étant que des superfétations imposées au cours des âges par l'Église, et la confession entre toutes comme étant une arme terrible d'information et de domination, et au point de vue moral, un grave péril, par l'abus des absolutions faciles... Après cela, est-ce ma faute si l'enfant qui réfléchit porte, une fois homme, un jugement sévère sur la confession ?...

... Je revendique le droit de dire que, à nos yeux de penseur libre, le fils du charpentier fut *seulement* l'un des plus grands initiateurs moraux que l'humanité ait vus... Pour ce qui concerne l'infaillibilité papale, personne, je pense, ne saurait me contester le droit de la présenter comme une contre-vérité au regard de l'histoire et un contresens par rapport à la raison...

... Qui ne voit que l'Église exploite toutes les crédulités, qu'elle fait recette de tout, de la joie et de la douleur, vendant des parts de paradis et créant sans cesse de nouveaux dogmes *profitables ;* qu'elle couvre d'honneur les puissants, de dédain les humbles, et qu'elle augmente l'éclat de la pompe de ses cérémonies suivant le nombre de pièces d'or qu'on lui jette en pâture.

Ces aveux aggravaient le cas de l'instituteur ; ils étaient faits le 25 novembre et le 2 décembre 1906. Le 12 décembre, M. l'inspecteur primaire procédait à l'enquête. On ne sut rien du résultat ; on parla de pression cléricale. L'instituteur, lui, reconnaissait, courageusement, l'authenticité des propos qu'on lui attribuait. L'inspecteur d'Académie continua de se taire, et l'instituteur est encore à Herrère.

L'incident est un peu long ; mais il est significatif et donne raison à ceux qui ne se fient pas aux projets de loi Doumergue.

On voit le cas que préfets et inspecteurs d'Académie peuvent ou osent faire des plaintes des parents.

La tactique imposée par la Franc-Maçonnerie était bien comprise et appliquée : l'école devenait le champ de bataille sur lequel la Franc-Maçonnerie travaillait en toute sécurité à la destruction du catholicisme en France.

Ce qui suit devient à la mode dans bien des écoles :

L'un des adjoints de Longwy-Bas (Meurthe-et-Moselle) déclare solennellement :

« Il n'y a pas de Dieu, l'enfer n'existe pas, tout cela est de l'invention des curés. Après la mort, on vous met dans le trou, et puis c'en est fait. Lorsqu'une personne riche est sur le point de mourir, le prêtre vient la trouver et la menace du spectre de l'enfer, si elle ne lui abandonne pas sa fortune. » (*La Croix* du 13 octobre 1904.)

Ce serait grotesque si ce n'était si triste. Et puis, quel idéal à proposer aux enfants... « Après la mort, on vous met dans le trou, et c'en est fait !... » Mais il y a mieux encore.

Un instituteur adjoint à l'école de La Bussière (Loiret) déclarait en substance, aux enfants de sa classe, à la fin de mai dernier : « Il n'y a pas de Dieu. Les prêtres ont enseigné qu'il y a un Dieu. Moi, j'enseigne le contraire. D'ailleurs, tout peut bien se faire tout seul : la terre, les arbres. On peut bien blasphémer Dieu, même en face du tonnerre. Quand il tonnera bien fort, qu'on vienne me chercher, et je montrerai comment on peut blasphémer Dieu impunément. »

Parmi les enfants qui ont entendu cet odieux langage, plusieurs devaient faire le lendemain leur Première Communion. Deux pères de famille ont protesté par lettre ; mais, naturellement, leur protestation est restée sans réponse. (*L'Autorité* du 16 juin 1908.)

Cela ne fait-il pas frémir ? Semer ainsi le doute et l'erreur dans des âmes qui se préparent à la première visite de leur Dieu... et cela quand on a la charge de l'éducation...! Quelle responsabilité effrayante! L'instituteur oublie que Dieu est patient, parce qu'il est éternel, mais que le blasphème aura toujours tôt ou tard sa punition. Nous lui souhaitons de n'en point faire trop vite l'expérience.

Voici un autre véritable attentat contre la foi religieuse et la conscience des enfants. Il est cité par M. Auguste Roussel, dans l'*Univers*.

... La séance se passe dans un hameau (notre correspondant donne le nom) d'une commune entièrement catholique, comme toutes celles qui sont disséminées sur le causse Miéjean (canton de Meyruels).

L'institutrice est protestante, si toutefois elle est quelque chose en fait de religion.

Un jour, il lui prend fantaisie de faire le catéchisme à sa façon.

— Voyons, ma petite, fait-elle, dis-moi où est Dieu ?

Et l'enfant de répondre avec son catéchisme :

— Dieu est au ciel, sur la terre et en tous lieux.

— Qu'est-ce que tu dis là ? Dieu est au ciel ! Ce n'est pas vrai. Dieu est en enfer, et rien que là.

L'institutrice poursuit :

— Et la Sainte Vierge, où est-elle ?

— La Sainte Vierge est au ciel.

— Ce n'est pas vrai. La Sainte Vierge, comme tu l'appelles, est en enfer, en enfer, te dis-je, et c'est là qu'elle doit être. Voilà comme il faut répondre. Voilà ce qu'il faut croire.

Voyons, maintenant, une autre qui me répondra comme il faut :

— Eh bien! toi, où est la Sainte Vierge, comme vous l'appelez ? Fais attention de bien répondre.

L'enfant hésite, tremble, pleure.

— La Sainte Vierge... La Sainte Vierge est..., est.

— Réponds donc.

— En..., en en... fer.

— C'est bien, bien répondu. En enfer, et le bon Dieu aussi.

Voilà celle qui sait le mieux son catéchisme.

Notre correspondant continue :

Sortis de la classe, les enfants se hâtent de raconter l'histoire à leurs parents, surtout la petite qui, tout en larmes, avait fait la réponse blasphématoire, dictée par sa maîtresse, et qui ne cessait de pleurer à chaudes larmes, de honte et d'indignation.

La mère, aussitôt, se rend à l'école, s'en prend vivement à l'institutrice huguenote, et lui fait défense de faire désormais le catéchisme à sa fille, attendu qu'elle, sa mère, se charge de le faire elle-même d'une autre façon.

J'aurais préféré, je l'avoue, que le père prît l'affaire en mains et ne laissât à personne autre le soin de corriger cet Aliboron féminin.

Notre correspondant a bien raison. Un tel scandale devait provoquer un châtiment exemplaire. Cette institutrice ne sera-t-elle pas poursuivie ? Attendra-t-on qu'elle et ses pareilles se trouvent protégées, que dis-je, encouragées par les projets Doumergue ? Il n'est que temps, en vérité, que les associations de pères de familles se forment et agissent. Il n'est que temps de boycotter résolument les officines perverses où se commettent journellement de telles abominations.

Qui pourrait dire la stupidité d'un autre Aliboron qui se moque de ses élèves et de la religion, dans les termes qui suivent.

Dans une école de la Ville de Paris, un instituteur, se croyant évidemment très malin, fait en ces termes à des enfants de dix à douze ans la démonstration de la non-existence de Dieu :

« Si j'offrais au père bon Dieu (*sic*) 50,000 francs pour éteindre le soleil, pourrait-il gagner 50,000 francs ? Vous voyez donc bien que Dieu n'est pas. » (*L'Autorité* du 2 février 1907.)

Si Les élèves n'ont point compris que Dieu n'existait pas, ils peuvent comprendre au moins et ils comprendront un jour que leur maître est un parfait imbécile.

Après Dieu, l'âme est niée à son tour, c'est logique.

Dans son *Cours de Pédagogie,* l'inspecteur Dufresne dit ceci : « L'âme n'existant pas, la crainte de la mort disparaît. Il n'y a plus d'au-delà, de peines et de punitions supra-terrestres. L'homme est une forme passagère de la matière ; l'âme n'a pas à errer dans une vie future. Le matérialisme fait renaître le calme dans les cerveaux troublés. C'est aussi la fierté. L'homme peut relever joyeusement la tête. Il n'a plus à se considérer comme un ange déchu. »

Tel est l'enseignement donné par les autorités académiques, dans les écoles normales qui préparent nos instituteurs. Doit-on s'étonner des désastres qu'entraîne un tel enseignement ?

L'instituteur de Viévigne (Côte-d'Or), celui même qui a provoqué les fameux arrêts de la Cour d'appel de Dijon et du tribunal des conflits, déclare péremptoirement à ses élèves que « ceux qui croient en Dieu sont des imbéciles, que la confession est une bêtise, et que le bon Dieu n'est qu'un porte-monnaie bien garni. » (*Libre Parole* du 17 mai 1908.)

Ainsi les plus beaux génies, Bossuet, Fénelon, etc., sont traités à l'école laïque d'imbéciles par un Aliboron, et c'est le cas de répéter avec notre La Fontaine :

> Je ne sais bête au monde pire
> Que... si ce n'est ce pédant.

L'instituteur de Viévigne ne s'en tint pas à ces outrages contre Dieu et la religion. Dans son école, la morale, l'autorité, la Patrie, ne sont pas plus respectées que Dieu et la religion. Nous aurons l'occasion de le constater plus loin ; avec la négation de Dieu, c'est la négation de l'au-delà.

Il est étrange de voir combien MM. les instituteurs tiennent à persuader à leurs élèves qu'après la mort il n'y a plus rien. Ceci revient à dire que l'instituteur est un animal, et qu'il traite ses élèves comme des êtres sans raison.

Dans le Nord, un autre adjoint enseigne également que « l'esprit est dans le cerveau : or, à la mort, le cerveau pourrit ; donc, quand on est mort, tout est mort ». Voir également dans ce sens la *Revue de l'enseignement primaire* du 16 septembre 1905, n° 51, p. 158-159. — A Lourches (Nord), le maître commente ainsi en classe la catastrophe de Courrières : « Si Dieu existait, est-ce que de pareilles choses arriveraient ? »

La religion, les pratiques du culte catholique ne pouvaient manquer de passer au même crible... Tout est jugé et nié avec la même désinvolture.

L'institutrice laïque de Saint-Génard (Deux-Sèvres) affirme nettement à ses élèves que :

« Tout ce que l'Église enseigne est faux et mensonger, la messe et les cérémonies religieuses ne sont que des simagrées, il n'y a ni paradis ni enfer : ce sont les curés qui ont inventé tout cela pour asservir les consciences. » (*Le Peuple Français* du 13 janvier 1908.)

Il eût été étonnant que les ministres d'une religion ainsi jugée et niée échappent à l'insulte... On lit dans la *Riposte* :

Un instituteur en vacances, nommé François Henri, qui réside à Paris, rue Linois, 57, et qui est chargé d'instruire et d'élever les enfants de ce quartier, se trouvait, il y a quelques jours, attablé au café du Commerce, à Margut (Ardennes), lorsque l'abbé Lallemant, curé de Lécheval, vint à passer avec deux confrères. L'instituteur, pris d'une fureur subite, s'écria : « Tiens ! voilà les corbeaux qui passent en été maintenant ; habituellement, ils ne passent qu'en hiver » ; il accompagna la boutade de croassements grotesques. Un des ecclésiastiques l'invita à s'expliquer de plus près, mais l'offre resta sans réponse.

M. l'abbé Lallemant se rendit à la gendarmerie pour se plaindre, et une enquête fut ouverte. Tout d'abord, l'exaltation du provocateur fit place à la couardise, et il prétendit avoir prononcé ces paroles par hasard ; mais, après quelques réticences, son ardeur se réveilla soudain : « Les corbeaux, les serpents et les vipères, on devrait mettre le pied dessus, car ce n'est que de la vermine. »

Il exhiba ensuite à l'abbé Lallemant une gravure représentant un cardinal embrassant un cochon et portant l'inscription : « Compère et compagnon ». François Henry insista pour que ce fait fût consigné au procès-verbal qui lui fut dressé. Henry (François) figure au *Bulletin hebdomadaire du Grand-Orient dit de France*, depuis le 22 juillet 1904.

La *Vie Nouvelle*, organe de la Jeunesse chrétienne, cite à son tour le trait suivant :

On ne redira jamais trop jusqu'à quel degré les instituteurs préposés par le bloc à l'éducation des petits Français poussent leur sectarisme odieux et révoltant.

Tous les jours, nous apprenons des faits nouveaux qui peuvent paraître insignifiants tout d'abord, mais qui révèlent bien néanmoins la triste mentalité de ces ridicules pédagogues. C'est ainsi qu'à Tours un des instituteurs d'une école laïque municipale n'a trouvé rien de plus intelligent que de punir de mauvais points ou d'un pensum plus sévère les petits élèves qui, récitant leur leçon d'histoire de France, prononcent le nom de saint Louis au lieu d'appeler ce roi Louis IX ! Ainsi donc, appeler un roi dont le règne appartient à l'histoire par son nom le plus populaire devient une faute réprimée par le professeur, et cela parce que ce nom éveille une idée religieuse !

Désormais, de par la volonté d'Aliboron, les générations nouvelles doivent ignorer l'hommage rendu par l'Église aux héroïques vertus du pieux roi qu'elle a placé sur ses autels.

La sainteté est supprimée, qu'importe que la vérité historique en souffre ?

L'instituteur n'est pas préposé à l'enseignement de la vérité, mais à la déchristianisation de la France décrétée par les loges ! Pour cette besogne sacrilège tous les moyens sont bons, même les taquineries mesquines du genre de celle qu'a trouvée le maître d'école tourangeau.

Évidemment, ce fait ne prouve guère l'intelligence de l'instituteur ; on hausserait volontiers les épaules en passant outre, si l'on ne savait que ce qui paraît minime n'est qu'une phase de cette guerre faite à tout ce qui est noble et grand. Du reste, cette ineptie n'est point un fait isolé.

Il y a peu de temps, un sous-maître de l'école de Saint-Florentin (Yonne), interrogeant ses élèves sur l'histoire départementale, vint à parler de Pontigny ; l'un d'eux répondit aussitôt que l'église de ce bourg, siège d'une antique abbaye célèbre au moyen âge, était célèbre à juste titre, et que notamment le corps du grand saint Edme y reposait. En entendant ce nom, la figure du sous-maître se crispa, et il s'écria en grimaçant : « Ah ! oui, cette espèce d'idiot et d'empaillé ! » (*La Croix* du 20 décembre 1907.)

Mais l'enseignement oral n'est pas le seul qui soit antireligieux. Les maîtres font écrire aux enfants les maximes les plus nettement hostiles à la religion catholique, au mépris des droits des familles. On lit dans le *Gaulois* le trait suivant :

Un de nos inspecteurs parisiens — animé d'ailleurs des meilleures intentions — a établi dans les écoles de son ressort l'habitude de faire commencer chaque jour la classe par l'inscription sur le cahier de devoirs une maxime qui, commentée par le maître, soit une indication morale, un précepte de conduite.

Des exemples mêmes ont été donnés par cet inspecteur. « L'homme n'a pas seulement besoin de pain ; il a aussi besoin de dignité. » (LACORDAIRE.) — « La conscience, c'est Dieu présent dans l'homme. » (V. HUGO.) — « Ôtez la croyance à la liberté, et la société s'écroule. » (J. SIMON.)

Mais quelle n'a pas été là surprise de notre universitaire lorsqu'il a lu, la semaine dernière, sur le cahier d'un enfant de douze ans, appartenant à l'une de ses meilleures écoles, la « pensée » suivante :

« Il faut que le catholicisme tombe ! Non seulement il s'agit de réfuter le papisme, mais de l'extirper ; non seulement de l'extirper, mais de le déshonorer ; non seulement de le déshonorer, mais de l'étouffer dans la boue ! » (Edgar QUINET.)

Croyez-vous que l'instituteur auteur d'une telle infamie

ne mériterait point d'être traduit en correctionnelle par quelque père de famille offensé ?

Nous en sommes persuadé, nous !

Et cet autre publié par la *Dépêche* du 6 août 1908.

Tous les lundis matin, un instituteur d'une école du XVIIIᵉ arrondissement fait inscrire à ses élèves, au début de la classe, la maxime suivante sur les cahiers de devoirs :

« Le cléricalisme, voilà l'ennemi ! » (GAMBETTA.)

Les enfants en ont tellement pris l'habitude que, maintenant, ils écrivent cela sans qu'il soit besoin de leur en donner l'ordre...

Trouvé aussi dans la *Riposte* :

Voici un devoir proposé par la *Revue de l'enseignement primaire* (5 juillet 1908), que dirige M. Jaurès :

Donner le sens de ce vers :

Dieu n'est qu'un mot rêvé pour expliquer le monde.

Choisi comme exemple de la neutralité de l'école en matière religieuse !

Voilà comment nos instituteurs respectent la neutralité. Non seulement ils la violent, et nous avons vu avec quel acharnement, mais encore ils sèment la révolte et cherchent à imposer leurs théories par la violence quand la persuasion ne suffit pas. Les exemples suivants pourraient se répéter sans cesse : ils sont plus nombreux qu'on ne peut dire :

Un instituteur de Belfort a été jusqu'à menacer de renvoi tous ceux de ses élèves qui fréquenteraient le cercle catholique de la ville, et il a tenu parole. (*La Croix* du 25 mars 1903, d'après *l'Indépendant franc-comtois*.)

Les chapelets et les catéchismes trouvés dans les poches ou les pupitres des enfants sont saisis, et leur découverte est souvent, de la part du maître, l'objet des plus grossières plaisanteries. (*La Croix* du 20 décembre 1899 — *Le Patriote vendômois.*) A Yvetot, l'instituteur confisque et lit tout haut au milieu des rires de ses camarades l'examen de conscience écrit par un enfant à la veille de sa Première Communion ! (*Bulletin de la Société générale d'enseignement et d'éducation*, 1907, p. 368.)

Et cet autre maître d'une école près de Paris qui, spéculant sur la lâcheté et l'indifférence des parents, menace de priver du certificat d'études tout enfant qui va à la messe ou fait sa première communion, plaisante en classe une fillette de sept ans à qui, pour la punir d'avoir été à la messe le dimanche précédent, il fait réciter en ricanant le *Pater* et l'*Ave Maria*. (Maurice Barrès : *Les mauvais instituteurs*, discours à la salle Wagram, 16 mars 1907.)

M. Maurice Barrès a flétri comme il convenait la conduite de cet instituteur, mais, hélas ! les maîtres laïques ne semblent pas avoir souci de l'estime des honnêtes gens, ils ne cherchent qu'à contenter les bas sentiments qu'on a travaillé à éveiller en eux, et ils ne reculent devant aucune mesquinerie pour les satisfaire.

A Sainte-Anne (Indre-et-Loire), les enfants de l'école, accompagnés de leurs maîtres, suivaient le convoi d'un petit camarade. Au cimetière, les assistants jetèrent, selon l'usage, quelques gouttes d'eau bénite sur le cercueil, et le premier des enfants se disposait à en faire autant, lorsque le maître, se précipitant, écarta l'enfant tout interloqué et, prenant une poignée de terre, la laissa tomber sur le cercueil. » (*L'Autorité* du 13 mars 1907.)

Nous avons suffisamment montré, il nous semble, comment la neutralité religieuse est violée continuellement à l'école laïque. On pourrait prolonger la liste, mais il faut nous borner. Les parents chrétiens doivent être édifiés. C'est à eux de savoir si leur conscience leur permet de sacrifier et de livrer ainsi à l'erreur ce qu'ils ont de plus précieux au monde : l'âme de leurs enfants.

Mais, nous l'avons dit, ce n'est point seulement l'idée religieuse que l'on cherche à combattre à l'école ; le patriotisme, l'amour de la patrie, que nos instituteurs devraient développer dans l'âme de leurs élèves, est aussi également en péril. Nous ne ferons que citer le fameux instituteur Hervé, dont les théories antimilitaristes n'ont eu que trop de succès, mais Hervé a fait école. Il y a peu de temps que le célèbre Morizot, si justement condamné par la Cour d'appel de Dijon et gratifié, sans doute, par compensation, d'une augmentation de traitement, déclarait à ses élèves :

1° Les soldats français sont des voyous et des lâches ; 2° Les Allemands ont bien fait en 1870 de tuer les enfants au berceau.

A rapprocher de ces insultes la dictée expliquée donnée dans une école primaire du Loir-et-Cher, et citée par l'*Écho de Paris*.

Samedi, 27 juin 1908.

Dictée expliquée.

La guerre est contraire au bon sens, contraire à tout ce qui est vrai, beau et bien. C'est un fléau. Aussi voyez comme les hommes s'en détournent : *Peu à peu à l'idée de patrie fait place en eux l'idée d'humanité.* Loin de chercher la guerre, ils l'évitent. Ils sont las de tuer, de se laisser tuer pour des prétextes futiles, de verser leur sang, de faire rouler des têtes *pour l'amusement des grands qui sont toujours à l'honneur sans avoir été à la peine,*

Il aurait été intéressant d'entendre expliquer cette dictée... Quoi qu'il en soit, voici de quelle manière on forme les soldats. Écoutons sur ce sujet une parole autorisée. M. de Lamarzelle écrivait dernièrement dans le *Gaulois* :

L'étude de notre histoire — la plus belle histoire du monde, comme on l'a si bien appelée — consiste uniquement à l'école laïque à jeter de la boue sur notre passé national. On s'y complaît à n'en signaler que les fautes. Des fautes, il en est assurément, puisque le passé est le fait d'hommes ! Mais une patrie est une grande famille, et dans une famille on jette un voile sur les fautes, l'on parle surtout des gloires : et nous, nous en avons tant !

Et ce n'est pas seulement la haine d'un passé lointain qu'on enseigne dans les écoles de l'État aux enfants de ce pays. Longtemps le mot d'ordre a été de leur proférer ce blasphème : « Il n'y avait pas de patrie avant 1789 ! » Aujourd'hui c'est bien pis encore : le temps n'en est pas éloigné où l'on apprendra aux enfants que la France date seulement de M. Combes. On ne leur dit plus rien des guerres du premier Empire. De la Restauration, il ne reste que la Terreur blanche. Les guerres du second Empire sont passées sous silence. Et surtout, chose inouïe, l'immense majorité des enfants de ce pays sortent de l'école, ignorant la défaite affreuse, l'horrible mutilation subie par la France, il y a moins de quarante ans. Consultez tous les officiers, de toutes armes, tous, sans exception, vous diront — ils en font chaque année l'expérience — qu'ils posent cette question à tous les conscrits dès leur arrivée au régiment : « Savez-vous ce qui s'est passé en 1870 et 1871 ? » Trois ou quatre pour cent seulement sont en mesure de répondre !

Et comment nos instituteurs enseigneraient-ils l'amour de la Patrie, quand eux-mêmes semblent oublier qu'ils sont enfants de la France en travaillant à sa ruine. Le journal *la Croix* révélait, il y a quelques jours, ce fait dont on appréciera la portée.

Il existe en Allemagne un M. Kœnig, antimilitariste, pacifiste, anticlérical, qui prétend organiser un « centre pédagogique international ». Le programme de cet Allemand comprend l'infâme propagande malthusienne qui tue la mère et l'enfant, en criant aux parents : « Jouissez de la vie en égoïstes. » La propagande de ce fléau, l'un des plus redoutables pour notre pays, se poursuit dans des publications qui se vantent de l'approbation d'une notable partie de nos instituteurs publics. De fait, près de cinq cents instituteurs et institutrices français ont envoyé leurs adhésions au sympathique M. Kœnig. L'*Éclair*, qui révélait ces faits dans son numéro du 7 juin dernier, a publié quelques noms de professeurs et d'instituteurs qui propagent cet abominable poison dans nos écoles françaises. Nous reproduisons leurs noms, d'après ce journal.

Suivent les noms de seize instituteurs et institutrices appartenant pour la plupart au haut personnel de l'enseignement laïque.

Encore un symptôme, et des plus impressionnants, de cette déchéance progressive de la France qui s'émiette peu à peu, homme par homme.

Et il se trouve cinq cents instituteurs publics pour se prêter à ce jeu criminel, pour encourager cet attentat contre la famille et contre la patrie, pour accélérer ce mouvement de « la France qui s'en va » !

Quel bien peut-on augurer de l'avenir d'enfants livrés à de tels éducateurs ? — Parfois aussi et même assez souvent les leçons de ce genre données à leurs élèves ne leur suffisent pas, il leur faut un auditoire plus nombreux et plus à même de profiter de leur enseignement, et ils trouvent facilement cet auditoire. Ce qui se passe dans nombre de villages et de cités ouvrières le prouve suffisamment. Citons un exemple entre mille, il est donné par le *Cambrésis* du 3 septembre 19 8.

Une commune de l'Aveyron subit le règne d'un instituteur qui, sous prétexte de laïcité, distribue la bonne parole, hors de sa classe, aux adultes. Au cabaret ou chez lui, ce zélateur assemble les jeunes gens du pays, ouvriers, domestiques agricoles, il leur apprend à traiter, comme ils le méritent, les possédants. Il les exhorte à travailler le moins possible pour les plus hauts salaires possibles, et il leur vante les beautés de la cité future où il n'y aura plus ni propriétaires, ni patrons. Le résultat, c'est que, dans ce village, où jadis on menait laborieuse et tranquille vie, sans haine, on pratique maintenant la guerre de classes; et l'on use, à l'occasion, de procédés à la Pataud. Par exemple, au moment où des récoltes sont à lever, on fait la manœuvre des bras croisés.

Nous avons vu combien l'enseignement donné à l'école laïque est à la fois antireligieux et antipatriotique... il nous reste à montrer comment il est parfois antimoral. Loin de nous la pensée de mettre au même niveau tous les instituteurs; il en est, nous le savons, qui comprennent leur mission, et qui savent élever et former les enfants qui leur sont confiés, sans enfreindre la neutralité qui leur est imposée. Ceux-là, trop rares, hélas! ont droit à l'estime et à la reconnaissance, qui ne leur est pas marchandée par les honnêtes gens.

Mais combien de ces maîtres auxquels on confie des âmes innocentes d'enfants laissent à désirer!

Dans un article du 21 août 1908, la *Croix du Nord* montre combien l'école officielle est à surveiller. Entr'autres faits nous relevons les suivants :

Il n'y a pas si loin, ni si longtemps, dans le Pas-de-Calais, en ces derniers mois, certains pédagogues, sous le couvert de tels inspecteurs, mélangeaient garçons et filles sur les bancs de l'école.

Faut-il rappeler la réponse cynique de cet aliboron de Meurthe-et-Moselle : « Vos bêtes sont bien placées ainsi dans vos écuries » ?

En février 1907, garçons et filles des écoles laïques de Pont-du-Beauvoisin (Isère) étaient conduits à une séance de cinématographie. Ne me demandez pas de vous transcrire le programme de la représentation. L'énoncé en est tel que je mets au défi les peu prudes journaux qui ne rougissent de rien, ni pour leurs lecteurs, ni pour euxmêmes, de donner le titre des filins qui furent déroulés devant ces enfants.

C'était en octobre dernier, à Paris, un examinateur se permettait d'interroger une jeune fille sur les détails les plus scabreux de la vie de Louis XV.

Relevé aussi dans la *Riposte* :

D'autre part, on signale qu'un instituteur laïque de l'arrondissement de Jonzac (Charente-Inférieure) vient de publier un libellé tellement pornographique que le respect dû à nos lecteurs ne nous permet pas de le reproduire même en grec ou en latin.

Ce libellé a été distribué par ce malpropre à des fillettes de quatorze à quinze ans.

Les parents de ces jeunes filles ont porté plainte.

C'est l'enseignement de tels hommes qui est obligatoire. On comprend que les pères de famille se révoltent.

Il n'est point de plus éloquent enseignement que l'exemple ; aussi sera-t-il suffisant de citer quelques condamnations encourues par des instituteurs, pour prouver aux pères de famille qui pourraient douter encore, que des individus capables de se porter à de tels excès sont indignes et seraient impuissants à inculquer à leurs enfants les principes d'honneur et de morale.

Les faits suivants sont cités par le *Petit Écho de la Ligue patriotique des Françaises.*

On nous signale de Haute-Savoie trois interventions nécessaires et suggestives de pères de famille dans des questions scolaires.

M. Bonnefoy, instituteur et secrétaire de mairie à Cons-Sainte-Colombes, canton de Favergnes, a détourné une somme de 1,400 à 1,600 francs dans la caisse communale par une trentaine de faux mandats.

Un jour, le scandale éclata, grâce à la vigilance de l'abbé Patuel, qui publia dans l'*Indicateur de la Savoie* les actes de cet instituteur, fort zélé colporteur des conférences anticléricales.

La campagne de presse continuant, le personnage fut déplacé simplement, protégé qu'il est par la Loge et le « bloc ».

Mais un Comité s'est formé pour obtenir justice plus complète.

Les pères de famille de Metz, près d'Annecy, se sont également groupés pour obtenir ce qu'il mérite au sieur Moachon, instituteur, qui impose par la brutalité un manuel de morale dont les pères de famille ne veulent pas.

Tout près de là, dans la commune de Saint-Martin-Genevois, l'instituteur est allé ces jours derniers jusqu'à proférer des menaces directes, soutenues par le revolver, contre le curé de la paroisse.

Les habitants se sont associés aussi pour le mettre à la raison.

Le mouvement gagne de proche en proche.

Les pères de famille commencent à comprendre et à montrer qu'ils ont quelque chose à voir dans l'éducation de leurs enfants.

La *Vie Nouvelle* rapporte également avec divers journaux :

A la suite de plus de cinquante plaintes déposées entre les mains du maire de Saint-Mesmin (Vendée), et après une enquête qui a été écrasante, l'instituteur B..., de cette commune, a été arrêté à La Roche-sur-Yon où il s'était enfui.

L'émotion est considérable dans la contrée, les attentats imputés à cet individu contre ses élèves s'étaient échelonnés sur une quinzaine d'années.

Si nous citons cet exemple au moment où les journaux en rapportent plusieurs autres, ce n'est pas que nous aimions remuer ces histoires. Mais trop souvent les journaux sectaires étalent des « scandales cléricaux » (généralement réfutés le lendemain) pour qu'on ne leur rappelle pas de temps à autre ce vieil adage, « qu'il ne faut pas parler de corde dans la maison d'un pendu ».

A Creil (Oise), les derniers jours de juillet, un instituteur tentait de se tuer pendant la classe, en se tirant un coup de revolver dans la tête. Voici l'explication du suicide donnée par les journaux.

De notre correspondant :
« C'est à la suite de faits immoraux que l'instituteur Quentin, de Creil, a voulu se suicider pour échapper au déshonneur. Une enquête est ouverte parallèlement par l'autorité académique et par le Parquet, qui a délivré un mandat de dépôt qui sera mis à exécution si son état le permet. »

Nous trouvons également dans le *Journal* du 30 juillet 1908 :

Chalon-sur-Saône, 29 juillet. — Le nommé Curva, 49 ans, instituteur à Vérissey, a été condamné à six ans de travaux forcés par la Cour d'assises pour attentats sur plusieurs fillettes confiées à ses soins.

Il nous répugne de continuer cette nomenclature par trop affligeante. A ceux qui pourraient nous accuser d'exagération et de parti pris, nous pourrions citer encore contre plusieurs instituteurs, et pour les mêmes causes, l'état des interdictions et des incapacités d'enseigner donné par un document émanant d'une inspection d'académie, le 27 juillet 1908.

Il arrive aussi, trop souvent même, que les instituteurs, voulant à tout prix faire parade de leur impiété, oublient que « noblesse oblige » et font montre d'une fort mauvaise éducation.

Assistant ces jours-ci aux obsèques religieuses d'une institutrice adjointe décédée dans sa famille à Fresnes (Orne), quelques primaires laïques crurent la circonstance favorable pour faire parade d'impiété.

Au grand scandale de la population, ils passèrent joyeusement, dans un café voisin de l'église, le temps de l'office religieux.

L'office terminé, ils suivirent le convoi jusqu'au cimetière, parlant et riant comme à une fête.

Les éducateurs de la jeunesse ne pourraient-ils pas se tenir un peu plus dignement ?

CHAPITRE III

Les Livres scolaires.

Dans la protestation de l'épiscopat français contre les projets entravant la liberté des pères de famille, nous trouvons ceci :

La neutralité scolaire a deux ennemis : le livre et la parole. Le livre qui attaque plus ou moins ouvertement la foi chrétienne ; la leçon orale qui peut être agressive lors même que le livre de classe est irréprochable et dont les excès deviennent facilement pires.

Nous avons montré de quelle manière l'enseignement oral à l'école laïque viole la neutralité, il nous reste à examiner comment cette même neutralité est violée dans les livres mis à la disposition des élèves. Ici encore, le mal est redoutable et émeut les consciences catholiques. Nombre d'évêques, avant la protestation collective de l'épiscopat, avaient signalé le danger. Citons la décision suivante prise par M Laurans, évêque de Cahors.

Je suis informé que, dans certaines écoles du diocèse, des livres dangereux pour la foi des enfants, injurieux pour notre religion, et justement condamnés par l'autorité ecclésiastique, sont encore imposés comme livres classiques. Ce choix est la violation de la neutralité religieuse promise par la loi, il est de plus un acte de mépris de la volonté des parents, de leurs croyances et de celles de leurs enfants. Nous avons le devoir de prévenir les parents et de protester.

On dit, il est vrai, que les prêtres n'ont pas à intervenir dans ce qui se passe à l'école : c'est une erreur. Si la loi scolaire ne nous reconnaît plus le droit d'y entrer, la loi de Dieu nous oblige de nous préoccuper de ce qui s'y passe.

Or, parmi les enfants que vous préparez à la Première Communion et qui fréquentent à la fois l'école et l'église, il en est qui se trouvent en présence de deux enseignements opposés et qui ont entre les mains des livres condamnés, des livres qui disent le contraire de ce que le catéchisme enseigne. Nous avons le devoir de rappeler aux parents que nul ne peut servir deux maîtres, qu'il faut avant tout servir Dieu, et le servir lui seul.

En conséquence, voulant que tous nos prêtres demeurent les fidèles dispensateurs des mystères de Dieu, nous défendons à MM. les curés d'admettre à la solennité de la Première Communion les enfants qui auraient à leur usage des livres scolaires défendus.

Nous n'entendons pas cependant priver ces enfants de l'Eucharistie, qui leur est plus nécessaire que jamais, nous voulons, au contraire, assurer leur préparation à ce grand acte de la vie chrétienne et protéger leur foi. Nous reconnaissons, d'ailleurs, que souvent ces enfants ne sont pas coupables ; c'est pourquoi MM. les curés et les confesseurs pourraient les admettre à la sainte Table, mais isolément et sans solennité, en tenant compte des prescriptions de la théologie morale concernant les personnes exposées à des occasions qu'elles ne peuvent éviter.

Cette mesure est de nature, nous semble-t-il, à faire réfléchir les pères de famille dont l'insouciance a été jusqu'ici souvent déplorable et quelquefois coupable. Mgr Laurans explique aussi pourquoi certains manuels scolaires peuvent et doivent être condamnés.

Ce que réprouve la conscience du père de famille, ce

que défend à bon droit l'autorité religieuse, ce n'est ni l'enseignement de l'histoire, ni celui de la géographie, ni même celui de la morale. Mais la conscience et l'autorité protestent contre l'enseignement de l'histoire, donné d'une manière partiale et tendancieuse, où les faits sont présentés d'une manière injuste, hostile pour l'Église catholique, elles protestent contre l'enseignement d'une morale qui repose sur l'unique base de l'agnosticisme religieux.

La religion pour ces moralistes, c'est « l'océan inconnu pour lequel nous n'avons ni barques ni voiles » ; Dieu lui-même est « cette puissance inconnue, dont nous ignorons tout, que les uns appellent Dieu, d'autres le Hasard, d'autres la Nature ».

La morale, c'est la recherche du bonheur, et du seul bonheur de cette vie, car le moraliste moderne se croit obligé « d'avouer son ignorance totale d'une vie après la mort ».

Quant à certains manuels d'histoire de France, ils continuent ce que J. de Maistre appelait, il y a un siècle, la conspiration contre la vérité. Par des suppressions habiles, des insinuations cauteleuses, ou même par d'audacieuses affirmations dépourvues de preuves, on impute à l'Église catholique tous les méfaits possibles, on la rend responsable des malheurs de la France, tandis qu'on montre notre nation orientant sa marche vers le progrès et le bonheur, depuis qu'elle est sous la direction de la libre pensée.

Depuis quelques années, en effet, un véritable travail d'épuration a été entrepris par la Franc-Maçonnerie sur les livres scolaires destinés aux élèves des écoles primaires. Le *Petit Écho de la Ligue patriotique des Françaises*, dans son numéro du 15 mars 1908, signalait ce danger et montrait la méthode employée pour cette épuration maçonnique.

Le travail d'*épuration* — la langue française a parfois de ces ironies — est aujourd'hui en voie de plein accomplissement.

Le convent désirait qu'on imprégnât d'esprit laïque, c'est-à-dire maçonnique, les livres de morale, de philosophie, d'histoire et de littérature. Certes, il peut être satisfait.

La méthode employée par les correcteurs mérite d'être signalée.

Au lieu de discuter les idées de Dieu, de l'âme, de la religion, etc., et de les battre en brèche, ces messieurs ont pensé qu'il était préférable... de les supprimer et d'en rayer impitoyablement jusqu'aux noms.

Nous avons, il y a quelques mois, donné une liste des scandaleuses ou ineptes corrections introduites dans les divers ouvrages scolaires. Il est utile de la compléter par d'autres exemples, qui prouvent que l'odieuse « séparation » se poursuit d'une manière générale. Prenons d'abord la grammaire Larive et Fleury (cours pour les élèves de 11 à 13 ans) :

Édition 1902	Édition 1905
Page 7 — « Dieu est grand. »	Page 7. — « Paris est grand. »
Page 8. — « Dieu est miséricordieux. »	Page 8. — « Cette plaine est fertile. »
Page 8. — « Dieu est miséricordieux envers les pécheurs. »	Page 8. — « Cette plaine est fertile en blé ! ».

Et voilà comment on se débarrasse de l'idée de Dieu !

Le spiritualisme ne mérite que dédain ; au contraire, le matérialisme doit être encouragé, comme le prouve l'exemple suivant du même ouvrage :

Page 57. — « Les sauvages mêmes reconnaissent un Dieu créateur. »	Page 57. — « Les animaux sont sensibles ; certains végétaux mêmes paraissent doués de sensibilité. »

Le verbe *paraissent* est bien peu scientifique, en

somme, mais qu'importe s'il peut amener les jeunes lecteurs à penser qu'après tout ils ne diffèrent pas tellement des animaux, ni même des végétaux ?

Dieu étant supprimé par ces impitoyables correcteurs, ses saints ne pouvaient aspirer à plus d'égards, aussi lisons-nous :

Page 59. — « La vie entière de saint Vincent de Paul fut consacrée au soulagement des malheureux. »	Page 59. — « La vie entière de ce philanthrope fut consacrée, etc. »

Voilà le but réel : laïciser les livres scolaires afin que, sous les yeux des enfants des écoles, ne passent plus jamais les mots de Dieu, religion, prière, ciel, âme, etc., qui pourraient leur révéler un idéal supérieur à celui qui convient à de futurs électeurs républicains, ainsi qu'à des sœurs, à des épouses, à des mères d'électeurs.

Voici une autre analyse de la même grammaire Larive et Fleury (cours supérieur) qui est en usage dans les écoles et lycées de l'État. Nous la trouvons dans la *Semaine religieuse de Cambrai* du 10 octobre.

Dans la nouvelle édition donc de la grammaire en question, partout d'abord où figurait dans quelque exemple le mot « Dieu », le mot a disparu. Là où il suffisait de substituer un autre mot, on s'en est contenté, et quand la substitution de mots n'était pas possible, c'est toute la phrase qui a été changée. Par exemple : « *Je crois que Dieu existe* » (p. 9) a été remplacé par cette autre affirmation : « *Je sais que la terre tourne.* »

Ce n'est point d'ailleurs l'idée seulement que le mot implique qui est proscrite, c'est le mot lui-même. Il est rayé de la langue française. Ainsi, dans l'ancienne édition, on disait : « *Nous nous sommes promenés dans un jardin rempli de fleurs*, et Dieu sait *combien nous en avons cueilli* » (p. 194). On lit à présent : « *Nous nous sommes promenés...* et je ne sais *combien nous en avons cueilli.* »

Comme de raison, tous les mots similaires sont de même éliminés : « *Un hymne pour* le Seigneur » (p. 22) devient : « *Un hymne pour* le vainqueur. » — « Le créateur *a voulu lier...* » (p. 156), devient : « La nature *a voulu lier...* »

Là encore on change toute la phrase si cela est nécessaire.

L'ancienne grammaire portait : « *Tu soigneras, tu honoreras, tu nourriras tes vieux parents, l'Éternel l'ordonne* » (p. 169). Le mot Éternel viciant sans doute ce commandement, on l'a remplacé par cet autre : « *Tous les enfants fréquenteront l'école jusqu'à treize ans, la loi le prescrit impérieusement.* »

Comme de raison, le mot religion, dans tous les exemples où il se trouvait, a également disparu. En résumé, est proscrit tout ce qui a un lien, étroit ou non, avec la religion catholique. C'est ainsi que le mot « *abbé* » (p. 3) est remplacé par le mot « *été* », « *le maître de chapelle* » (p. 28), par « *le maître d'escrime* » ; « *Saint Vincent de Paul* » devient un « *philanthrope* », sans qu'on spécifie lequel. « *La prophétesse Marie* » devient « *la sorcière Marie* », etc.

Il ne faut pas même faire allusion au repos du dimanche. Le repos du dimanche, c'est encore quelque chose de clérical. Aussi cet exemple : « *L'homme doit travailler six jours de suite et se reposer le septième* » (p. 215), se trouve supprimé.

Pourtant, un mot du vocabulaire religieux a été épargné, le mot « Vêpres » (p. 4). Mais qu'a-t-on fait ? On l'a mis au singulier, dans la nouvelle édition, en ajoutant à côté, entre parenthèses (le soir), pour bien spécifier que ce n'est « *pas une autre signification du mot qu'on entend* ».

La chasse à tout ce qui est divin se poursuit avec une ardeur inlassable dans tous les livres destinés à être mis entre les mains des enfants. On ne saurait trop le répéter : sous leur nouvelle forme, les livres scolaires, qui avaient charmé notre enfance et élevé nos âmes, sont devenus de mauvais livres renfermant un poison mortel pour l'âme de nos enfants, auxquels ils n'inspirent que l'athéisme, le matérialisme et le culte du Dieu-État.

Ainsi s'exprimait en juillet la revue *les Livres nouveaux* en signalant les « grattages laïques » auxquels sont soumis les manuels de lectures scolaires, même ceux à l'usage des classes élémentaires, tel le *Premier livre de lecture et d'instruction pour l'enfance,* par Bruno (M. Alfred Fouillée).

En 1902, le *Premier livre de lecture* débute par un hommage à Dieu, qui a créé le monde physique et moral.

En 1907, Dieu est remplacé par « le père de famille ».

Quant à la mère de famille qui, berçant dans ses bras son enfant malade, disait d'abord : « O Dieu bon, toi qui m'as donné ce cher petit... », elle ne prie plus ; ou plutôt c'est son enfant lui-même qu'elle prie : « O cher petit, *guéris-toi.* »

Au lieu de : « Enfin, Dieu eut pitié d'elle, son fils se guérit », il y a maintenant : « Enfin, l'enfant *se guérit.* »

En décrivant l'habitation de la famille, l'auteur parlait des hommes d'autrefois qui habitaient sous des tentes « comme celles des *patriarches Abraham et Jacob* ». Il dit à présent, « comme celles des... *Arabes d'Algérie* ».

Au chapitre : « Le travail dès le matin », l'ancienne expression « chacune des bonnes créatures de Dieu » est remplacée par « le *laboureur*, la *fermière* et les *animaux de la ferme* ».

Dans « Obligeance, politesse et charité » un infirme disait à un enfant bien élevé : « Dieu vous bénisse, enfant bien élevé : Dieu vous bénisse, enfant qui honorez la vieillesse. » A présent, l'infirme, laïcisé, se contente d'un souhait tout humain : « *Soyez heureux,* enfant qui, etc. »

Un chapitre était intitulé : « La forêt. La bonté de Dieu. » Maintenant « la bonté de Dieu » est remplacée par « l'amour maternel ». La mère disait d'abord à son enfant : « Sais-tu quel est celui qui a mis au cœur même de l'animal cette tendresse touchante ?... C'est celui qui t'a donné un père et une mère pour t'aimer. C'est *Dieu,* c'est *l'éternelle bonté.* » Aujourd'hui, elle dit simplement : « O mon enfant, au cœur même de l'animal se rencontre la tendresse la plus touchante, celle des mères. Les mères, pour sauver leurs enfants, *ne craignent pas la mort.* » Ainsi, le bambin ne sait plus d'où vient l'amour maternel.

Égaré dans la forêt, le petit Jacques, pris de peur, priait « Dieu de lui venir en aide ». Maintenant, il comprend le « tort » qu'il a eu ; et au lieu de prier, il *se désole.*

Il y avait d'abord des chapitres intitulés : « La prière d'une enfant » ; « Les églises et les cathédrales » ; « Grandeur des œuvres de Dieu ». Inutile de noter que ces titres-là ont disparu.

Un papa retrouvait son enfant qui avait failli périr dans une avalanche. Tous deux d'abord remerciaient « la *Providence,* en laquelle il faut toujours espérer, même au milieu des plus grands périls ». La Providence étant abolie, le père se contente aujourd'hui de serrer « dans ses bras son enfant retrouvé ».

Taquiné par son camarade Michel, le petit Henri pense d'abord à se venger en lui jouant un tour, mais il se décide à rendre le bien pour le mal. En 1902, la conscience du petit Henri lui disait : « Celui qui est bon doit rendre le bien pour le mal, et *Dieu le bénit.* » Aujourd'hui, sa conscience ne lui parle plus de Dieu, et la phrase finit après les mots « rendre le bien pour le mal ».

Le chapitre : « Les cieux racontent la gloire de Dieu » est devenu : « La beauté des cieux ; la noblesse de la pensée *humaine* »; et à la place de « la grandeur de Dieu est infinie », il y a : « nous sommes plus petits que le grain de sable ».

En 1902, la « dernière page du livre » enseignait « l'amour de *Dieu* ». Elle enseigne aujourd'hui « l'amour de l'*humanité* ».

Naturellement, Bruno laïcise ses vers comme sa prose ; car le volume contient une pièce de poésie en l'honneur de l'école.

Le bambin qui, autrefois, disait :

> Je ne sais rien, mais je voudrais m'instruire,
> Devenir bon, aimer *Dieu de tout cœur*,

récite à présent :

> Devenir bon, *travailler* de tout cœur.

La même revue avait en janvier 1907, et de concert avec d'autres journaux, dénoncé la laïcisation d'un autre livre de lecture du même auteur, livre bien connu et qu'écoliers et écolières relisent longtemps et toujours volontiers : *Le Tour de France par deux enfants*.

Il s'agit du *Tour de France par deux enfants*, ouvrage célèbre de Mme Alfred Fouillée (G. Bruno), composé pour les enfants. La 327e édition de ce charmant petit livre a subi des changements tels qu'on peut dire que l'ouvrage est « entièrement refondu » et que désormais il est « conforme aux exigences de l'esprit laïque ».

Mme Fouillée, d'après la Préface, s'était proposé de montrer la France « grande par le respect religieux du

devoir et de la justice » ; le mot « religieux » a été remplacé par « profond ».

André et Julien, les deux petits Alsaciens, s'écriaient
parfois en proie à la tristesse ou à l'admiration : « Mon
Dieu... Mon Dieu... » ; ils disent maintenant : « Quel
malheur !... Vraiment !... Oh !... Hélas !... Ah !... »

« Juste Dieu !... Que Dieu est bon !... » répétaient-ils
entre deux prières ; à présent, ils se contentent de sou-
pirer : « Courage !... Que la montagne est belle ! »

A leur passage dans le Rhône, ils avaient aperçu « les
hautes collines couronnées par les dix-sept forts de Lyon
et par l'église de Fourvière » : à Marseille, ils avaient
admiré le clocher de Notre-Dame de la Garde, « vénérée
des marins ». Ces deux églises ont disparu du texte ; supprimée, la gravure qui représentait Notre-Dame de la
Garde.

Les petits voyageurs ne retrouvent plus la cathédrale
de Reims ni Notre-Dame de Paris, qu'ils avaient visitées
à la précédente édition. Le château des Papes à Avignon
est conservé, par oubli sans doute, parmi les illustra-
tions ; heureusement, le correcteur nous avertit qu'à
Avignon il n'y a plus de château des Papes, mais « d'anciens remparts » et de majestueux « palais du xiv° siècle ».

André et Julien avaient vu, dans une ferme du Jura,
un bénitier microscopique, près d'un lit. La gravure a été
retouchée : un rideau épais cache l'alcôve et le bénitier.

L'ancien texte disait : « On arriva près de la tombe de
Michel Volden. On s'agenouilla devant la petite croix
de fer qu'André avait lui-même forgée autrefois et placée
sur la tombe de son père ; puis on y déposa le bouquet
de Julien. Alors de ces trois cœurs remplis de tendresse
et de regrets s'éleva intérieurement une prière. »

Le correcteur a ainsi modifié :

« On arriva à la tombe de Michel Volden. On s'appro-
cha de la petite plaque en fer qu'André avait lui-même
forgée pour y graver le nom de son père ; puis on y

déposa le bouquet de Julien. Alors de ces trois cœurs remplis de tendresse et de regrets s'élevèrent intérieurement de belles et nobles pensées. »

Les pères de famille instruits de la manière dont on laïcise jusqu'aux livres mis entre les mains de leurs enfants protestent quelquefois avec indignation, mais combien ignorent encore l'enseignement pernicieux donné dans les classes laïques, et pourtant il est de leur devoir de surveiller cet enseignement.

Un journal catholique de l'arrondissement de Cambrai, l'*Émancipateur*, a dans une série d'articles étudié les divers manuels scolaires. L'article de M. Gournaud sur les manuels de lectures est à citer tout entier, et donnera une nouvelle preuve de la valeur de l'enseignement officiel à l'heure actuelle.

Le livre de lectures est le complément heureux des livres de morale et d'histoire ; il est le plus attrayant des manuels ; il est fait d'emprunts à nos meilleurs écrivains; il a l'intérêt d'un recueil de morceaux choisis. L'enfant y retrouve, en d'aimables narrations, les grands événements de notre histoire et les préceptes courants de la morale universelle. C'est son livre de chevet; il en relit vingt fois les pages, et son esprit se forme à leur pénétrant contact. S'il est vrai que l'école a quelque valeur éducative, il gardera la marque profonde et salutaire de ces premières leçons.

Ce livre de lectures, dont je m'attarde à retracer le plan logique et fécond, c'était celui de l'école primaire, il y a seulement quelques années. Mais ici, comme en morale, comme en histoire, la pédagogie, science intrépide et qui marche à coups de révolutions, a semé de ruines le champ du passé. J'ai sous les yeux le *Manuel de lectures classiques* de E. Primaire, manuel où l'esprit nouveau s'affirme. L'auteur l'a très habilement conçu. Il en a dissimulé

la tendance sous l'apparente neutralité du titre ; il en a
disposé les pages de telle sorte que leur variété même
émoussât la critique ; il a pris pour collaborateurs nos
écrivains les plus illustres : Lamartine et Victor Hugo,
La Fontaine et Molière, La Bruyère et Michelet, Edgar
Quinet, Voltaire. Mais à qui soulève ce voile séduisant
et trompeur, le livre apparaît dans sa nudité révélatrice ;
ce n'est pas une œuvre sereine, c'est un livre de combat.

*
* *

Quinze lectures — sur les cent cinquante que contient
l'ouvrage — se rapportent à des événements antérieurs
à 1789. La logique et l'intérêt bien compris du livre deman-
daient qu'elles vulgarisassent les plus grandes figures
de l'ancienne France. Or, il n'y est pas question de Jeanne
d'Arc ; ni les voix entendues sous les chênes lorrains, ni
l'entrée triomphale dans Orléans délivré, ni la captivité,
ni la mort de Jeanne n'ont paru récits dignes d'un manuel
à l'usage de l'école nouveau jeu. Le même ostracisme en
écarte Charlemagne et saint Louis, Bayard et Duguesclin, la guerre de Cent ans, les croisades et les champs
de bataille où s'est jouée parfois, avec le sort même de la
France, la destinée de l'Europe chrétienne ; Poitiers et
Bouvines, Rocroy et Denain, tous les grands noms, tous
les grands faits de notre histoire.

Mais s'il doit ignorer ce passé superflu, le jeune Français du xxᵉ siècle, le futur citoyen de la République, saura
de quel poids le despotisme combiné de l'Église et de
l'État pesait sur les peuples et comment mouraient « les
martyrs de la libre pensée ». Cela seulement importe, et
dix lectures l'en instruiront : rien n'est omis dans cette
galerie sinistre où l'auteur nous guide à la lueur des
autodafés, ni Giordano Bruno, ni Calas, ni Galilée, ni
Servet, victime de l'intolérance jumelle de Genève et
de Rome, ni les crimes de l'Inquisition, ni les fureurs des

Dragonnades, ni le tableau des exactions féodales et de l'indolence des rois.

Quatorze siècles d'un noble passé n'inspireront à des milliers de jeunes Français qu'un sentiment d'horreur.

*
* *

Il faut déplorer cette atteinte à l'âme de nos fils ; mais il faudrait regretter davantage encore qu'une éducation, novatrice avec excès, déformât leur conscience au point de désarmer leur bras et conspirât à faire de la France une nation sans relief et sans ressort. Que serait notre pays si l'école publique n'était plus l'école du courage ; si la guerre y était peinte comme un mal pire que le déshonneur ; la patrie, comme un legs des temps barbares, comme une idole funeste, indigne des autels de l'avenir ?

Or — j'achève de m'en convaincre, en jugeant l'œuvre qui seule importe et non l'auteur dont les intentions m'échappent — le *Manuel de lectures classiques*, de E. Primaire, contient cette triple et détestable leçon. Ce n'était pas assez qu'il manifestât, par son silence à l'égard des hommes de guerre les plus illustres de l'ancienne France, son peu d'estime pour le courage militaire. Sur les cent cinquante lectures de l'ouvrage, — qu'elles se rapportent aux siècles qui précédèrent ou à celui qui suivit la Révolution, — une seule exalte la valeur du soldat français, une seule exprime ce que doit être l'élan d'un peuple aux prises avec l'étranger : je veux parler d'un court fragment des *Soldats de l'an II*. Certes, je ne nie pas l'intérêt de récits charmants, tels que la *Chèvre de M. Seguin* ou le *Meunier de Sans-Souci*, et je trouve des plus utiles l'emprunt fait à Montesquieu sous ce titre : « Une nation ne peut vivre sans la justice et la fraternité. » Mais une nation ne peut vivre davantage sans le joyeux acquiescement de tous ses fils au devoir militaire, sans ce sentiment réfléchi que ses frontières sont la sauvegarde d'intérêts sacrés et qu'elles valent la peine d'être défendues contre toute atteinte, au prix des plus grands sacrifices et du sang, s'il le faut. Or, dans le manuel de Primaire, ce devoir essentiel est l'objet d'un étrange abandon. Ce n'est pas qu'il ne soit jamais question de la guerre. Il en est trop question, puisque l'auteur, la considérant comme un mal absolu, n'en parle jamais que pour la flétrir.

Je ne m'attarderai pas à souligner tel passage qui dit leur fait « aux *grands agités* de l'histoire, aux hommes de bruit et de guerre, dont nous avons l'esprit trop plein encore ». Je n'accorderai qu'une mention rapide à deux morceaux : l'*Absurdité de la guerre* et l'*Art de tuer*, que couvrent les signatures opportunes de Voltaire et de La Bruyère. Leurs titres disent assez leurs leçons, et on s'étonnera, je pense, que, dans un manuel d'école primaire, les peuples qu'un conflit — d'honneur ou d'intérêt — met aux prises soient comparés « à des chiens qui s'aboient ». Je m'attarderai davantage à quelques lectures dont l'inconvenance est pire, et d'abord à une poésie de Victor Hugo, la *Guerre*. Il l'écrivait en 1865, sous l'empire d'illusions que nous avons depuis chèrement payées. Une strophe s'y rencontre dont il eût, cinq ans plus tard, repoussé l'inspiration comme on rejette une pensée sacrilège :

> C'est un Russe ! Égorge ! Assomme !
> Un Croate. Feu roulant !
> C'est juste. Pourquoi cet homme
> Avait-il un habit blanc ?
> *Celui-ci, je le supprime*
> *Et m'en vais le cœur serein,*
> *Puisqu'il a commis le crime*
> *De naître au-delà du Rhin.*

Dans ces vers d'une cinglante ironie, le poète nous pressait de renoncer à nos ardeurs chauvines. Il nous voyait prêts à franchir le Rhin sous le plus futile prétexte et à réduire les peuples sans défense et sans haine. Nous l'avons entendu. Nous avons désarmé. Deux millions de Français, violemment retranchés de la patrie, expient encore notre renoncement généreux. Mais qu'importe à l'historien primaire ! Si injustes que l'événement les ait faits, si insultants que les ait rendus la défaite, ces vers enseignent à détester la guerre, cela suffit, et s'ils laissent entendre, en dépit de l'histoire, que le droit fut avec nos vainqueurs, il faut s'en réjouir comme d'une blessure méritée par le chauvinisme des vaincus.

*
* *

Trois lectures sont consacrées à des épisodes de 1870. Deux sont empruntées au livre de Zola, la *Débâcle ;* toutes racontent les angoisses de la retraite ou l'horreur du grand siège ; elles n'évoquent que désordre, panique et désespoir ; pas une ligne pour apprendre aux petits Français qu'ils sont du sang des héros de Gravelotte et de Reichshoffen, ou bien encore qu'au-delà des Vosges ils ont des frères, jeunes enfants aussi, qui reçoivent d'un maître allemand des leçons détestées. Comme Rocroy, Reichshoffen est une gloire superflue ; comme Jeanne d'Arc, l'Alsace-Lorraine est une martyre importune. Le silence du livre scolaire prépare sur leurs noms l'oubli de l'avenir. L'honneur est un mot, la patrie une légende, la paix seule est un bien. Les poètes d'ailleurs l'ont dit, et il faut les croire :

> Plus de soldats l'épée au poing ; plus de frontières,
> Plus de fisc, plus de glaive ayant forme de croix
>
> (Victor Hugo.)

> Et pourquoi nous haïr et mettre entre les races
> Ces bornes où ces eaux qu'abhorre l'œil de Dieu ?
> ... Nations ! Mot pompeux, pour dire barbarie.
> Déchirez ces drapeaux ; une autre voix nous crie :
> L'égoïsme et la haine ont seuls une patrie,
>   La fraternité n'en a pas.
>
> (Lamartine.)

Un commentaire, écrit par l'auteur du *Manuel*, accompagne chacune de ces lectures, et j'y relève dix fois posée la même question : « Quel sentiment vous font éprouver ce tableau, ce spectacle, ces beaux vers ? » Je vais répondre pour les milliers d'enfants qui reçoivent, impuissants, la plus funeste des empreintes : Ils penseront que le petit fusil, joujou sacré dont la loi de deux ans les arme dès l'école, est l'exécrable instrument d'un mal inutile, et ils l'abandonneront sans regret sur les routes fleuries, en attendant les lebels plus lourds, qu'ils jetteront, soldats d'Hervé, sur tous les chemins de la frontière.

L'enseignement de ce manuel de Primaire et de tous ceux qui sont animés du même esprit peut donc se résumer ainsi : aversion pour le pouvoir légitime de l'Église, mépris de nos gloires passées, critique du patriotisme. Pères de famille, est-ce là ce que vous voulez qu'on apprenne à vos fils ?

Les livres de lecture ne sont pas les seuls où l'esprit nouveau se soit perfidement glissé ; les livres de morale et d'histoire sont tout imprégnés du même esprit ; ceux qui, précédemment rédigés, n'étaient pas assez conformes aux idées actuelles, ont été remaniés et « épurés ». On ne lira pas sans intérêt les remarques de M. Gurnaud, dans l'*Émancipateur*, à propos de ces « retouches » faites à un *Manuel d'éducation morale et civique*.

J'aborde le plus attaqué, comme aussi le plus défendu des manuels scolaires. C'est autour du livre de morale que s'est engagée, il y a trente ans, par un débat resté célèbre, la lutte pour ou contre l'école laïque. Ce livre était, pour les deux camps en présence, la pierre de touche du nouveau régime scolaire. Il devait incliner devant Dieu les générations que la République naissante allait former, et, tout en ne servant aucune Église, il ne devait blesser aucune conscience : tâche difficile, œuvre d'équilibre périlleuse qui demandait à ses promoteurs, avec beaucoup d'indépendance et de bonne foi, une sérénité d'esprit particulière. Ils s'engageaient, par des serments solennels, à la réaliser, sans dommage aucun pour les croyances, au plus grand profit de la liberté. Nous allons voir comment le pédagogue a tenu les promesses du législateur.

Je possède deux éditions consécutives du *Manuel d'éducation morale et civique,* publié par M. Dès, instituteur, et Mme Dès, inspectrice d'écoles maternelles. La première est de 1900, la seconde de 1902. Je ne m'attarderai pas à en dépouiller tous les chapitres, dont plusieurs sont, je le reconnais, solidement rédigés. Je n'examinerai que le dernier, l'inévitable chapitre des « sanctions ». Il nous révélera l'esprit des auteurs, je devrais dire leurs états d'âme successifs. « Souvent femme varie » ; Mme Dès ne fera pas mentir le proverbe. Elle lui apporte le tribut de son inconstante philosophie.

Le livre de 1900 est profondément spiritualiste. Il présente Dieu « comme une cause créatrice toute-puissante », comme « une intelligence souveraine, une Providence partout répandue », récompense éternelle. « Son existence est réclamée par la raison. » Même si l'univers, « si le spectacle des choses ne nous révélait pas un Dieu, notre conscience le proclamerait encore ». « Enfin, il est juste que la vertu et le vice, qui ne reçoivent pas toujours ici-bas la sanction qu'ils méritent, la reçoivent dans une vie future. »

A ce Dieu, « résumé de toutes les perfections », l'enfant doit l'hommage de « son amour, de sa reconnaissance, de son admiration ». Cet hommage se manifestera sous deux formes, par un « culte extérieur dont les pratiques varient suivant les religions, les peuples, les traditions et l'éducation de la famille », et par un « culte intérieur, qui est la forme la plus élevée que puissent revêtir nos aspirations vers la divinité ».

Spiritualiste, mais neutre, le manuel de 1900 est muet sur les diverses confessions religieuses ; il en ignore les dogmes, les traditions, les pratiques ; il ne lui appartient pas d'en présenter la critique ou l'éloge. L'enseignement du maître finit où celui du prêtre commence.

Ouvrons l'édition de 1902 du même ouvrage. Une lecture précédait la leçon de 1900 ; elle portait la signature d'un philosophe contemporain, Henri Marion ; c'était une page très élevée qui se terminait par ces mots : « Notre raison ne peut admettre un seul instant que le monde soit abandonné à la force brutale, à l'aveugle hasard. Voilà pourquoi, depuis qu'il y a des hommes qui pensent, l'humanité croit à une justice cachée et s'incline devant une bonté divine. » De même, une lecture précède la leçon de 1902. Elle est signée « Lætitia Dès » ; j'en extrais ces lignes ; elles en révèlent l'esprit :

— Maman, me dit Paul, qui allume les étoiles ?

— Elles flamboient quand le soleil a disparu de l'Occident.

— Mais qui les a faites ?

— *On n'en sait rien*, mon fils ; beaucoup croient qu'elles ont été créées, comme toutes choses, par un être très bon, très juste, très puissant, éternel, qu'on appelle Dieu. *Ils ne savent de lui rien de plus.* Figure-toi un être toujours bon, à qui nous devrions tout : celui-là serait Dieu. Et cet être, *s'il existait,* on devrait l'aimer, le respecter.

En deux ans, quelle évolution ! Passer du spiritualisme au scepticisme n'est qu'un jeu pour les pédagogues. Ce doute qu'hier « leur raison ne pouvait admettre un seul instant », M. et Mme Dès — tous deux, touchant accord — en font aujourd'hui la base de leur morale transformée. Et leur leçon laisse sans réponse une question qu'ils étaient, à la rigueur, libres de ne pas poser, mais qui, posée, ne devait être résolue ni par une négation ni par le doute.

Voici donc l'enfant détourné de Dieu par le livre qu'il doit le plus respecter. Cela ne suffit pas. Il faut l'éloigner du temple où ses parents l'ont accoutumé de s'agenouiller, et au pied duquel tous ses morts dorment leur dernier sommeil. Ce but, le reste de la lecture l'atteindra. L'enfant interroge :

— « C'est parce qu'il faut aimer Dieu que ceux qui croient à son existence vont à l'église ? »

La mère répond :

« Oui, mais ils pourraient *se passer d'y aller* et *plaire cependant à Dieu.* »

Voilà formellement violée par le livre la neutralité garantie par la loi. Si l'école enseigne que l'église est pour l'homme un asile superflu, un conflit s'élève entre la leçon du père et la leçon du maître. Auquel des deux l'enfant se fiera-t-il ? Terrible doute, qu'un livre de morale devrait lui épargner. Et ce conflit, qui trouble d'abord une âme d'enfant, aura des répercussions profondes ; il divisera demain la commune et l'État.

**

Présentée, nous l'avons vu, comme un luxe inutile, la croyance en Dieu va, sous la plume inventive des auteurs, revêtir un autre aspect ; l'enfant apprendra qu'elle fut, de tout temps, la source du plus détestable fanatisme :

« Au nom du Dieu des chrétiens, on a persécuté les païens ; on a massacré les Albigeois, les Vaudois, les protestants, les libres penseurs ; au nom de ce Dieu, on a fait les autodafés, la Sainte-Barthélemy, les dragonnades ; au nom de ce même Dieu, on nous menace encore aujourd'hui de châtiments terribles et sans fin. Au nom d'Allah, les musulmans ont promené le fer et la lance en Afrique, en Europe, en Asie, ils exterminent les Crétois, les Arméniens ; tous les hommes qui ne pensent pas comme eux. »

Je cherche en vain une ligne, un mot, qui atténuerait

cette page tendancieuse ; une phrase éloignée ou proche, qui racontât les dévouements, les vertus, les progrès qu'a inspirés le christianisme ; je n'en trouve pas. Qu'un pareil tableau puisse figurer, sans correctif d'aucune sorte, dans un livre de morale, à l'usage d'enfants de dix ans, pour la plupart fils de parents catholiques, cela confond. Mais ce qui étonne davantage, au point que la pensée ne trouve point d'expression qui la traduise, c'est, au début de ce passage, l'assertion qu'on a lue : « Au nom du Dieu des chrétiens, on a persécuté les païens. » Ainsi, pendant les premiers siècles de notre ère, les persécuteurs ne furent ni Néron, ni Caligula, ni Tibère. L'histoire en a menti, confondant à dessein les bourreaux et les victimes, accusant César et l'Empire d'un sang justement exigé par les dieux. Il était temps que l'école redressât ce jugement séculaire et qu'elle arrachât aux martyrs leur auréole usurpée.

Et le chapitre s'achève sur cette pensée qui le résume et que je livre aux méditations de ceux qui, ayant fondé l'école laïque, l'ont voulue tolérante et respectueuse du sentiment des familles :

« La raison humaine triomphera du fanatisme des religions. »

Les jeunes filles du cours secondaire de Mont-de-Marsan ont entre les mains un livre de morale qui a pour auteur M. Dugas, professeur de philosophie au lycée de Rennes. Quelques passages de ce manuel méritent une attention toute spéciale. Nous lisons à ce sujet dans l'*Univers* :

Voulez-vous voir comment on arrive à déformer la conscience de la jeune fille, à lui enlever la foi et à l'avilir ? Lisez ces passages (p. 135) :

Le principe évangélique qu'il faut tendre la joue aux soufflets n'est pas seulement paradoxal, illogique, il est encore immoral.

Jésus est donc accusé d'avoir prêché une doctrine immorale en conseillant l'esprit de douceur et de longanimité et en condamnant la loi du talion.

La charité évangélique (p. 221) est :

Une vertu impolitique, on pourrait même dire qu'elle est antisociale, qu'elle a des tendances anarchiques. C'est ce qu'atteste l'exemple de Jésus. « Ce qui le distingue, dit Renan, des agitateurs de son temps et de ceux de tous les siècles, c'est son parfait idéalisme. Jésus, à quelques égards, est un anarchiste, car il n'a aucune idée du gouvernement civil. »

Au moyen âge, l'église (petit *e*) fonde la paix de Dieu, lève une milice, etc. Elle se montre par là infidèle à la tradition évangélique, renie ses principes, son idéal de charité (p. 224).

A propos du suicide, l'auteur écrit (p. 51) :

Ce qui paraît répréhensible, c'est la légèreté en une chose si grave... En résumé, la vie doit peut-être être acceptée *a priori*. Ceux-là nécessitent la sympathie et l'estime qui, en quittant la vie, n'en trahissent pas les desseins, mais s'efforcent encore de les remplir ; ce serait, par exemple, le cas d'un père de famille se suicidant pour faire secourir les siens qui se trouvent exposés à la faim et au plus complet dénûment.

Les enfants à qui on donne de telles leçons reçoivent ensuite difficilement les vérités de la religion lorsqu'on veut les leur enseigner. Il semble qu'ils entendent les accents d'une langue étrangère. On a jeté à plaisir dans leur âme des semences de scepticisme et d'impiété. Et des parents chrétiens admettent une telle profanation !

Le rapport des deux sexes n'est pas en lui-même, comme l'enseignent les théologiens, immoral, entaché de souillure ou de péché. L'effroi, la répulsion et l'horreur qu'on veut qu'il inspire paraissent cependant fondés, si on a en vue la sauvagerie, la violence, les crimes ou abus de toute sorte qui en sont l'accompagnement et les suites...

À propos de l'obéissance aux lois (p. 446) :

Il est juste d'obéir aux lois : elles sont l'expression de la volonté nationale. Il faut obéir aux lois, même injustes (p. 446). « On ne fait pas à la légalité sa part; il faut l'admettre ou la rejeter en bloc. »

Terminons par ces ignobles attaques contre l'ascétisme chrétien (p. 157-158). L'auteur se pose la question.

Y a-t-il lieu de le combattre aujourd'hui ? Oui, parce qu'il exerce encore son prestige sur les âmes jeunes, enthousiastes...; oui, parce qu'il renverse et déplace les idées morales. En effet, il voit le mal où il n'est pas... et le bien dans des états contre nature, comme le célibat, qu'il exalte sous le nom de *virginité*. Il substitue à la vertu simple et humaine une vertu romanesque et d'opinion, à la moralité la sainteté, état de perfection mystique qu'on ne peut atteindre ni concevoir...

Le désordre des mœurs paraît avoir été toujours la rançon des vertus monastiques. Ce désordre, sans doute, l'ascétisme le flétrit, mais il n'en porte pas moins la responsabilité, si, d'une part, il a commencé par le rendre inévitable, et de l'autre, il a contribué directement à le produire. Il est vraiment le promoteur du vice. Il en porte en lui le germe, à savoir la hantise du péché, qui est à elle seule une souillure. Il déforme les consciences, fait naître et entretient les pensées malsaines...

Il ne comprend pas la poésie des sentiments humains, il n'en saisit que les côtés vicieux et bas, il leur donne des noms qui les flétrissent et les dénaturent : l'amour devient concupiscence, l'amour des sexes, œuvre de chair et fornication. C'est la honte de la théologie d'avoir créé un vocabulaire spécial, dont les mots ont un sens de malpropreté très précis et d'avoir grandement contribué à

cette altération des sentiments naturels qui s'appelle la
fausse pudeur, la prude hypocrisie... Ainsi l'ascétisme
irrite le mal qu'il veut guérir. Il plonge les âmes toujours
plus avant dans le péché. Il est une lutte inégale contre
les penchants. Loin de supprimer la sensualité, il déve-
loppe une sensualité raffinée et maladive. -

En lisant semblables choses, on ne peut se défendre d'un profond sentiment de dégoût. Ce n'est pas
la morale qu'enseignent de tels ouvrages, mais l'impiété et l'immoralité.

Dans une lettre adressée au clergé du diocèse de
Cahors, lettre dont nous avons déjà cité des extraits,
Mgr Laurans parle de quelques livres que l'on doit
impitoyablement proscrire des écoles; ils sont d'ailleurs condamnés par la Sacrée Congrégation de l'Index. Parmi ces livres est le *Cours de morale* de Jules
Payot, recteur de l'Université de Chambéry. Voici
quelques échantillons des leçons de morale qui s'y
trouvent.

1º *Contre l'authenticité et l'autorité des livres saints.*
— La critique des textes... a découvert que les livres
sacrés des religions ne pouvaient avoir été révélés par
un être souverainement bon et intelligent. Ils datent
d'une époque d'ignorance et de faible développement
intellectuel et moral (p. 191).

2º Le christianisme n'a condamné ni la guerre, ni l'esclavage. Il a répandu des flots de sang dans des persécutions atroces... Ses livres saints écrits par un peuple
guerrier ont familiarisé les fidèles avec la violence. Jého-
vah a bien des traits d'un despote cruel et vindicatif;
d'autre part, par sa conception de châtiments éternels,
cette religion n'a pu inspirer l'horreur pour la cruauté. À
ce point de vue, le christianisme est bien inférieur au
bouddhisme (p. 193).

3° Nous ne pouvons sur la nature de Dieu et sur son existence même émettre que des hypothèses invérifiables (p. 199).

4° Les évangiles eux-mêmes contiennent des conceptions morales qui choquent la conscience moderne (p. 203).

5° Nous avouons notre ignorance totale concernant une vie de l'âme après la mort ; libre à chacun d'imaginer une survie telle qu'il l'espère (p. 207).

Et l'on appelle cela : le respect de la neutralité ? Lorsque des sommités universitaires vont jusque-là, où donc s'arrêteront ceux qui subissent leur influence ?

Dans un autre manuel de morale qui a pour auteur M. Bayet, et qui est également à l'index, nous trouvons ceci :

1° Nous ne savons pas scientifiquement si, après la mort, il y a une autre vie dans laquelle les bons seront récompensés et les méchants punis, ou si, au contraire, après la mort, il n'y a pas d'autre vie.

Nous ne savons pas scientifiquement s'il y a un Dieu, ou si, au contraire, il n'y a pas de Dieu (p. 149).

2° Toutes ces religions parlent de Dieu et de ce qui arrive après la mort ; elles nous parlent donc de choses inconnaissables...

C'est pourquoi nous avons le droit de choisir entre toutes ces religions celle qui nous plaît le plus ; et, si aucune d'elles ne nous plaît, nous avons le droit de n'avoir aucune religion (p. 156).

3° Lorsqu'il s'agit de religion, chacun de nous est libre de croire ce qu'il veut (p. 157).

4° Toutes les religions sont également respectables (p. 162).

5° En Espagne, jadis les catholiques ont tué plus de

80,000 hommes, uniquement parce que ces hommes n'étaient pas catholiques. En France, les catholiques ont déchaîné la guerre civile pendant environ un siècle pour exterminer les protestants (p. 161).

La *Semaine religieuse de Cambrai* publie une des leçons de M. Bayet ; il suffit de la parcourir pour être fixé sur l'esprit du livre.

Le Maitre. — Qu'est-ce que Dieu ?

L'Élève. — Je ne sais pas, Monsieur.

Le Maitre. — Comment, vous ne le connaissez pas ?

L'Élève. — Non, Monsieur, je ne l'ai jamais vu.

Le Maitre. — Vous n'avez jamais vu Napoléon, et vous croyez à l'existence de l'Empereur Napoléon.

L'Élève. — L'existence de l'Empereur Napoléon est un fait scientifique, l'existence de Dieu ne l'est pas.

Le Maitre. — Très bien. Vous distinguez donc deux sortes de vérités ?

L'Élève. — Oui, Monsieur. Les vérités scientifiques et les vérités religieuses.

Le Maitre. — Quelles sont les vérités scientifiques ?

L'Élève. — Les vérités que nous pouvons démontrer, celles que l'ignorant seul peut refuser d'admettre.

Le Maitre. — Et les vérités religieuses ?

L'Élève. — Ce ne sont pas des vérités, ce sont plutôt des croyances.

Le Maitre. — Quel est notre devoir à leur égard ?

L'Élève. — Nous n'avons aucun devoir. Chacun de nous a le droit d'accepter ces croyances, de les rejeter ou de les modifier à sa guise.

Le Maitre. — Et que dira la religion ?

L'Élève. — Quelle religion, Monsieur ? Il y a plusieurs religions.

Le Maitre. — Pourquoi y a-t-il plusieurs religions ?

L'Élève. — Il y a plusieurs religions et même beau-

5*

coup de religions, parce que les hommes ont imaginé plusieurs manières d'honorer Dieu ou les Dieux.

Le Maître. — Citez quelques-unes de ces religions.

L'Élève. — Le Brahmanisme, le Judaïsme, le Christianisme, divisé lui-même en trois branches, l'Islamisme.

Le Maître. — Si vous n'avez aucun devoir à l'égard des religions, avez-vous cependant des droits ?

L'Élève. — Nous avons le droit de choisir, entre toutes ces religions, celle qui nous plaît le plus.

Le Maître. — Et si aucune ne nous plaît ?

L'Élève. — Nous avons le droit de n'avoir aucune religion. Le droit d'avoir la religion qu'on veut ou de n'avoir aucune religion s'appelle la liberté de conscience.

Le Maître. — Les hommes de différentes religions ont-ils de ce chef des devoirs particuliers ?

L'Élève. — Ils se doivent la tolérance.

Le Maître. — Connaissez-vous des exemples d'intolérance ?

L'Élève — En Espagne, les catholiques ont égorgé et torturé plus de quatre-vingt mille hommes, uniquement parce que ces hommes n'étaient pas catholiques. En France, les catholiques ont déchaîné la guerre civile pendant environ un siècle pour exterminer les protestants.

Voilà de la neutralité, n'est-il pas vrai ?

M. Bayet ne s'en tient pas là. Dans un autre livre scolaire, *Éléments d'instruction civique*, il traite la morale avec la même désinvolture que le dogme. On peut en juger par ces quelques passages :

« Les bonnes actions sont celles qui nous sont utiles, c'est-à-dire celles qui nous rendent vraiment heureux ; les mauvaises actions sont celles qui nous sont nuisibles, c'est-à-dire celles qui nous rendent malheureux. On peut donc dire que la morale nous enseigne quelles sont les choses qu'il faut faire pour être vraiment heureux. »

Appliquons les principes promulgués par notre éduca-teur laïque :

« Je suis pauvre et chargé de famille. Un ami confiant me remet en dépôt une grosse somme et meurt subite-ment. Ses héritiers ignorent ce dépôt. Puis-je me taire et garder les fonds ? Évidemment. Jamais action n'aura été plus morale, puisqu'elle m'aura été utile et m'aura rendu heureux. Avec cet argent, mes fils seront élevés, mes filles dotées, ma vieillesse assurée contre le besoin. C'est là le bonheur, c'est donc le bien, c'est donc un acte moral digne de tout éloge. »

Une telle morale doit conduire au socialisme.

Voici ce que nous lisons à la dix-neuvième leçon :

« Celui qui vivrait grâce au travail des autres et ne tra-vaillerait pas lui-même serait un mendiant... Les hommes riches qui restent dans leurs châteaux sans rien faire et sans songer à autre chose qu'à s'amuser sont des men-diants... L'homme qui ne fait rien doit être méprisé de tout le monde. »

De là à prêcher ouvertement la révolte contre la classe aisée il n'y a qu'un pas. Nos pédagogues le franchiront bientôt, si ce n'est déjà fait.

Cette impiété qui s'étale, ces tendances dangereu-ses vers le socialisme, M. Gurñaud les signale dans un article très documenté où il nous montre les écri-vains et les moralistes s'élançant à l'envi dans cette voie funeste.

Et pourquoi les historiens de l'école primaire ne seraient-ils pas socialistes ? Ses moralistes le sont depuis longtemps. Ouvrez le livre de M. *Payot*, la *Morale à l'école* ; vous y verrez comment il s'explique sur la raison : « Cette petite lumière est la même chez tous les hommes... Cette égalité de la raison fonde la république, qui est composée de citoyens égaux entre eux... C'est de nos passions et de nos paresses que viennent les inégalités d'intelligence. » Ouvrez le manuel d'*Albert Bayet ;* vous y lirez, emprunté à Jean-Jacques Rousseau, ce passage éminemment égalitaire : « Un rentier que l'État paie pour ne rien faire ne diffère guère, à mes yeux, d'un brigand qui vit aux dépens des passants. » Et cet autre qui ne l'est pas moins : « Ceux qui commettent des crimes ne sont pas toujours des hommes mauvais et méchants. Le plus souvent, ils sont aussi bons que nous, et ce n'est pas leur faute s'ils sont devenus criminels. » Ainsi la morale officiellement reçue à l'école prêche tour à tour le plus décevant égalitarisme, l'excuse du crime et le mépris de la propriété.

Nous l'avions vue, dans le livre de Dès, enseigner l'oubli de Dieu et la haine des religions. La préface des *Lectures expliquées,* de MM. *Prot* et *Déret,* accuse la même tendance : « Nous croyons inutile de mettre en lumière l'esprit qui, au point de vue religieux, anime notre ouvrage. Nous en avons éliminé absolument tout ce que la science et la raison rejettent ou condamnent, nous bornant à accepter ce qui est bon et généreux, honnête et loyal, vrai et juste ; en un mot, ce qui est laïque et républicain. » C'est dire, en propres termes, que la religion n'est qu'hypocrisie, erreur, iniquité. *E. Primaire,* dont j'ai longuement analysé le manuel de *Lectures,* est l'auteur d'un manuel d'*Éducation morale, civique et sociale.* Entre vingt passages, celui-ci mérite une mention particulière :

« Pareil aux animaux, *aux grands singes de nos forêts,* par exemple, l'homme primitif en avait aussi les mœurs. Il n'y avait pour lui ni morale ni lois : ce n'était qu'une *brute.* Nous sommes loin d'être entièrement sortis de *l'animalité* primitive. Pourtant un immense progrès a été accompli depuis les âges antiques. »

Augé publie une nouvelle édition de sa grammaire ; elle est épurée ; les mots *Dieu, âme, croix,* sont proscrits et remplacés par des vocables moins suspects : *Les croix des tombeaux* deviennent *les feux des fourneaux ; le temps pascal* fait place au *canal latéral.* Lachef et Bergeron, dont j'ai présenté le livre d'histoire, ont aussi publié la *Lecture au cours moyen,* un recueil de morceaux choisis, empruntés, pour la plupart, à des auteurs connus. D'une édition à l'autre, ces morceaux ont été retouchés. Dans son émouvant récit *le Croup,* Gustave Droz écrit : *Le docteur Faron, c'était le bon Dieu.* Dans le manuel il n'est plus que *le sauveur,* sans majuscule naturellement. Le livre de Bernardin de Saint-Pierre, *Paul et Virginie,* contient ce passage : *Jamais Dieu ne laisse un bien sans récompense.* Le manuel le reproduit, avec cette variante : *jamais le bien ne reste sans récompense.* Lesage, Daniel de Foë, Cervantès, sont expurgés. « Vive Dieu », s'écrie un personnage de *Gil Blas.* Cette exclamation disparaît. Et quant à Sancho, il ne dira plus : « Dieu le veuille », mais : « Je le souhaite. » *Ainsi le livre scolaire a toutes les licences, et la censure laïque peut impunément mutiler les chefs-d'œuvre.*

Le manuel de morale n'est pas seulement irréligieux et socialiste ; trop souvent, il est encore antipatriotique. Lisons à l'appui de cette assertion l'article suivant de M. Gurnaud :

Je m'excuse de ces citations multiples ; elles m'ont paru nécessaires ; elles sont même tout l'intérêt de cet article. Mais, si abondante qu'ait paru ma documentation, je n'ai pas achevé de la produire, et je n'ai qu'insuffisamment révélé le péril le plus grave et le plus prochain qu'engendre le manuel, celui qu'il fait courir à la patrie.

J'ai pu déjà, dans les *Lectures de Primaire,* relever un choix de morceaux propres à dénaturer dans l'esprit de l'enfant la notion du patriotisme. Son *Manuel d'éducation civique et morale* n'a pas une autre tendance, et le socialisme peut le compter au nombre de ses meilleurs agents. La guerre y est présentée sous un jour tel qu'il ne reste plus au maître, s'il veut achever la pensée de l'auteur, qu'à prononcer ce mot : Désarmons ! « Guerre aux abus ! *Guerre à la guerre, surtout ! Elle ravale l'humanité au niveau des bêtes féroces.* » La même idée, parée de la même violence de formules, revient à vingt pages différentes : « La guerre est une monstrueuse iniquité ; elle fait de l'homme une brute, un être féroce et sanguinaire. » *Il faut la réprouver au même titre que* « *le cannibalisme, les sacrifices humains, les combats de gladiateurs* » *et autres* « *horreurs sans nom dont l'histoire est pleine.* ».

Prot et Déret n'ont pas sur la guerre un autre sentiment. Guy de Maupassant a écrit des pages charmantes ; ils ne les recherchent pas ; mais ils recherchent et reproduisent son opinion sur la guerre : « Quand je songe seulement à ce mot, la guerre, il me vient un effarement comme si on parlait de sorcellerie, d'inquisition, d'une chose lointaine, finie, abominable, monstrueuse, contre nature. » Et c'est à la *Débâcle* qu'ils emprunteront le récit de l'incendie de Bazeilles, parce que Zola n'a vu dans cette journée d'héroïsme que « *la brute lâche, l'imbécile colère, la folie furieuse de l'homme en train de manger l'homme* ».

Voilà le ton. De telles diatribes ne peuvent que détourner l'enfant du devoir militaire. Si ce n'est le but qu'on avoue, c'est le but qu'on poursuit.

C'est la doctrine de la « crosse en l'air » et de la « désertion devant l'ennemi ».

*
* *

Le cœur se serre lorsqu'on lit ces choses, et l'on serait tenté de s'écrier : La France est une nation finie ! Qu'attendre, hélas ! de générations élevées dans ces principes dissolvants ?

Alors, doivent se dire les enfants, si ce n'est pas tout cela, qu'est-ce donc la patrie ?... Ce n'est rien... ou ce n'est qu'utopie, préjugé, billevesée. En ce cas, la patrie ne vaut pas la peine « qu'on devienne meurtrier » ou qu'on se fasse tuer pour la défendre...

Et, dame, le raisonnement est logique, avouons-le.

Voilà, Monsieur le Président du Conseil, comment un livre qu'on donne aux écoliers leur parle de la patrie, et quels commentaires ce livre fait naître naturellement dans leur esprit. Voilà pourquoi l'antipatriotisme trouve parfois un terrain tout préparé pour croître et se développer... Vous pronostiquez son déclin... Puissiez-vous être bon prophète... Mais pour que votre vœu, que partagent tous les bons Français, pût se réaliser, il faudrait avant tout que l'éducation morale donnée à la jeunesse se gardât de discuter l'idée de patrie, et n'eût d'autre but que de l'exalter...

N'y a-t-il pas là de quoi suggérer les plus graves réflexions à ceux qui dirigent l'enseignement officiel ?

Les manuels d'histoire prêchent les mêmes doctrines. De ce côté encore le danger est très grand; aussi est-ce un devoir de le signaler. Le 15 mai dernier, le *Petit Écho de la Ligue patriotique des Françaises* s'exprimait ainsi à ce sujet :

Le mal serait encore facile à conjurer si l'épuration maçonnique s'en tenait aux grammaires et aux recueils de lectures, mais c'est à l'histoire, à notre histoire de France, qu'elle s'attaque avec plus de rage et plus d'astuce à la fois, et nous pouvons affirmer, sans crainte d'être démentie, que cette histoire, telle qu'elle est présentée dans la plupart des manuels scolaires actuels, est faite pour remplir d'idées fausses le cerveau de l'enfant, et, sous couleur de neutralité, le rendre absolument *antireligieux*.

C'est, du reste, le but à peine dissimulé de la secte, et il n'est que temps, pour les parents catholiques, de le démasquer et de le combattre.

Il est bon, du reste, de se rendre compte, une fois pour toutes, de la tactique suivie dans la rédaction de ces précis d'histoire. Vous n'y trouverez jamais de négations grossières, très rarement l'épithète y est insultante ; le fait religieux, lorsqu'il est de premier ordre, ne manque pas d'être signalé, mais... le correctif n'est pas loin : une simple phrase, parfois un mot banal, sont placés au bon endroit pour contrebalancer de suite l'impression favorable laissée dans l'esprit de l'élève.

Voici, par exemple, l'introduction du Christianisme en Gaule. Il est difficile, avouez-le, d'affirmer que la foi nouvelle fut pour nos pères une cause d'abaissement politique et social. Notre manuel débute impartialement : « *La Gaule devint chrétienne, les mœurs s'adoucirent, et les pauvres gens furent moins opprimés* », et puis, tout de suite, « *comme les anciens druides, les évêques songeaient surtout à accroître leurs privilèges* ».

Voyez-vous l'astuce du procédé : il élabore dans le cerveau de l'élève cette formule simpliste : La religion adoucit les mœurs, mais les évêques et les prêtres cherchent avant tout à dominer et à s'enrichir — et c'est la première note d'un thème qui se développera sans interruption jusqu'à la dernière page du livre.

La tendance antireligieuse se manifeste donc, soit par l'interprétation fréquemment malveillante du fait religieux, soit par le silence gardé sur ce fait dès qu'il est par trop suggestif.

Il y a une autre tendance à signaler dans l'esprit qui anime ces manuels : elle est également déplorable. Nous voulons parler de l'exagération du sens démocratique aboutissant à une méthode aussi peu scientifique que possible. Jugez-en par ces trois sentences servant d'épigraphe au manuel du professeur B... et développées par quelques lignes de sa préface :

Le peuple, plutôt que les princes.

La civilisation, plutôt que les batailles.

Notre époque, de préférence aux périodes lointaines.

Et dans la préface : *Nous n'avons pas hésité à réduire, dans nos développements, la place trop large que l'enseignement historique fait aux gestes médiocres des princes, aux intrigues puériles des cours, aux vaines pompes du décor monarchique. Nous avons voulu mettre en pleine lumière le vrai héros de l'histoire, le peuple, qui travaille et qui souffre. Par suite, nous avons essayé surtout de peindre le déroulement de la civilisation française, mais toujours en allant droit, dans chacune des époques disparues, à ce qui fut la vie.*

Ce n'est pas ainsi qu'on fait de l'histoire, et cette histoire-là risque fort de n'être qu'une œuvre de passion, sans souci de l'impartialité.

Nous savons bien que certains princes donnèrent de fort mauvais exemples. Ils avaient les défauts inhérents aux temps où ils vivaient, comme à leur position sociale. Ceux qui sont au pouvoir, nous le constatons même à notre époque démocratique, ont des tentations toutes spéciales, dont ils arrivent très rarement à se garder. Mais leur vie peut être instructive, comme aussi celle du peuple, qui, presque toujours excusable à cause de sa condition pénible, n'agit pas constamment suivant les règles du devoir moral et religieux.

Si vous voulez faire de l'enfant, à mesure que son instruction se développera, un être de bon sens, montrez-lui au contraire cette vie de la nation sous tous ses aspects, et dans toutes les périodes de son évolution ; apprenez-lui que l'élite, nécessaire au bon fonctionnement de la Société, ne se forme que grâce à l'observation de ces règles du devoir dont nous parlons plus haut. Ne lui racontez pas qu'il vaut mieux, pour élaborer son jugement, ne connaître que notre époque moderne. Rien ne prouve, d'abord, qu'elle vaille davantage, à certains points de vue, que les époques antérieures.

Quant à cette sentence, *la civilisation plutôt que les*

batailles, elle serait plus à sa place à la tête d'un opuscule antimilitariste qu'à la première page d'une histoire de France.

Lorsqu'on fait de l'histoire, il faut avant tout tenir compte de la mentalité des époques disparues, et des conditions spéciales dans lesquelles s'élaborait cette mentalité. Les peuples encore en enfance n'auraient pu, sans l'action violente de certaines batailles, jouir des bienfaits de la civilisation. L'histoire n'idéalise pas l'espèce humaine : elle la montre telle qu'elle est.

Bien plus, la vie d'un peuple est un tout que l'historien n'a pas le droit de diminuer, ni de mutiler, d'après ses passions et ses impressions personnelles.

Pourquoi donc vouloir rejeter dans l'ombre tout ce qui précède la période révolutionnaire ? Rougirions-nous de l'histoire de notre pays ? Notre amour pour la France serait-il moins profond parce que nous l'aurions vue, à travers les siècles, marcher fièrement dans un chemin de vaillance et d'honneur ? Parce que nous aurions vu, dans son noble passé, les patients efforts de ses fils, leurs travaux, leurs conquêtes et, à côté des journées glorieuses, les épreuves passagères qui ont fait naître d'admirables dévouements ?

L'*Éclair* du 17 avril 1908, publiait un article de M. Rocafort sur l'étude de l'histoire à l'école primaire ; cet article nous montre quelle sera la conséquence de l'enseignement de l'histoire de France « épurée » par la Franc-Maçonnerie.

J'ai recueilli dans le dernier numéro de l'*Instituteur français*, la vaillante petite feuille des instituteurs patriotes, quelques constatations sur la manière dont on enseigne l'histoire à l'école primaire, qui, pour n'avoir rien d'imprévu, n'en sont pas moins des plus navrantes. Si la vingtaine de traités d'histoire à l'usage des élèves, du cours préparatoire au cours supérieur, diffère un peu par la forme, sur le fond, ils sont presque tous d'accord. J'entends par là, comme le rédacteur du journal, que « l'histoire de notre pays, l'histoire des dix-neuf siècles écoulés, est racontée dans les neuf dixièmes de ces ouvrages avec la même *partialité*, avec le même souci de rapetisser le passé — le « noir » passé, comme dit un poète pacifiste — et d'exalter le présent ».

La conclusion de l'enfant doit être qu'il n'y a eu que des canailles sur le trône de France. Je n'exagère pas. « Il y a quelques années, écrit le rédacteur, je posai cette question à l'examen du certificat d'études : « Quel est, dans l'histoire de notre pays, le roi ou l'empereur que vous préférez ? » Plusieurs jeunes candidats me firent cette réponse : « Je n'en préfère aucun, ils ont tous été mauvais. » — Mauvais est du style d'examen, couramment on dit canailles.

Le rédacteur continue : « Il n'y a pas bien longtemps encore, j'ai entendu (entendu de mes propres oreilles !) un instituteur adjoint tenir à ses élèves le langage suivant : « L'histoire de notre pays ne commence en réalité qu'en 1789. La réunion des États-Généraux à Versailles, c'est la première leçon. » — Voilà du Michelet simplifié, il laisse mieux voir le crime de lèse-patrie.

M. Rocafort nous donne ensuite une idée de ce qu'on trouve dans les manuels d'histoire, même les plus modérés.

J'ai demandé, pour me rendre compte par moi-même, que me fût communiqué un de ces traités, — pas celui d'Hervé assurément, la preuve eût été trop grossière — un des plus modérés, ai-je dit, des plus raisonnables et des plus libéraux. On m'a envoyé celui de MM. Guiot et Mane. De ses mérites pédagogiques, je n'ai pas à m'occuper; seul m'intéresse l'esprit dans lequel on enseigne l'histoire de la France à des Français.

Disons tout de suite que ce traité, systématiquement et presque continûment, est antiroyaliste et anticatholique. Comme, si on dénigre de parti pris dans notre histoire les rois et le clergé, ce sont les pièces maîtresses qu'on fausse, il suit du premier coup que le cours de MM. Guiot et Mane, consciemment ou non, distille de la fausse histoire.

Prenons le cours préparatoire, les autres ne sont que le développement de celui-là.

Quelques titres d'abord : « 5ᵉ leçon. Le lion : Clovis. — 6ᵉ leçon. Les loups : Les petits-fils de Clovis. — 7ᵉ leçon. Les chiens : Les derniers rois. » Qu'est-ce que l'enfant retiendra des Mérovingiens ? Qu'ils étaient une ménagerie.

14ᵉ leçon. Le paysan et le village en l'an 1000. Une gravure, où l'on voit, au pied d'un château orgueilleux, un paysan pataugeant dans le purin avec des cochons ; et au dessous ces réflexions : « Qu'il est triste le village d'il y a 1000 ans ! C'est la misère noire. Le paysan pleure, etc. Quelle joie aujourd'hui, quand se fait entendre le chant matinal du coq ! Notre village nous paraît gai et coquet. » Tout est relatif. Il aurait fallu consulter l'ouvrier de Fourmies en 1891, ou les viticulteurs d'Argeliers en 1907.

Voici une vision de champ de foire pour hommes : « Jacques Bonhomme se désole. Il a deux enfants. Ils sont vendus comme un vil bétail. Son fils, Gauthier, est acheté par le seigneur de Montlhéry... » Complétée par une vision de moines paillards : « Sa fille, Hersinde, appartient désormais aux moines du couvent de Courtenay. »

18ᵉ leçon. Vers l'an 1000, l'instruction défiait les courages les mieux trempés. Le maître était si sévère ! « Chaque faute est suivie d'un coup de fouet ! » Quand il s'agira des Romains, la même éducation suggérera à l'auteur : « La virile éducation des enfants fait la force et la grandeur de Rome. » Alors, pourquoi, ici, plaint-il tant les jeunes garçons, et conclut-il : « Vous, mes amis, comprenez votre bonheur. Aujourd'hui, vos maîtres sont doux et patients. Ils vous encouragent toujours et vous punissent rarement » ? C'est qu'ici, comme il apparaît par la gravure, au bout du fouet il y a un moine.

33ᵉ leçon. Jeanne d'Arc laïcisée. « Un jour, elle fait paître des moutons. Tout à coup, dans ses *rêveries*, elle *croit* entendre une voix qui lui dit... » Messire saint Michel et madame sainte Marguerite sont remplacés par des hallucinations, plus scientifiques.

Sur 123 pages que compte le livre, nous sommes à peine à la page 76, et déjà commence la Révolution. Avant, pendant, après, telle sera la division, comme dans le *Discours sur l'Histoire universelle* de Bossuet, quand il s'agit de Jésus-Christ. Les seigneurs, les paysans, les ouvriers, l'école, les voyages, seront considérés avant et après la Révolution. Très dramatiques ces antithèses, mais je parie que chez Bossuet, MM. Guiot et Mane les jugent un procédé artificiel et peu scientifique. Et, chez eux donc ! L'antithèse y est poussée à fond, absolue, frénétique.

Avant la Révolution, les enfants pauvres, à l'école, étaient mal assis, les nobles confortablement, et « *tous* distraits ». Admirable ce *tous* ! « Aujourd'hui, les enfants pauvres sont dans les écoles traités comme les enfants des riches. » Ces messieurs oublient de dire que les enfants des riches n'y viennent pas, dans ces écoles. Ils vont au collège libre, au lycée, ou bien ils sont élevés chez leurs parents.

Avant la Révolution, Saint-Barthélemy et dragonnades. Après, la tolérance. « Pour la première fois, tous les Français, catholiques, protestants, israélites, s'aiment comme des frères. Il n'y a plus de persécution religieuse. » Cela est écrit à l'époque même des fiches, des inventaires, de la suppression des congrégations, de la dévolution des legs pieux, etc., etc. Quel estomac !

Ainsi de suite. Avant, le paysan mange de l'herbe ; après, de la brioche. Avant, « l'ouvrier habile ne peut pas devenir patron » ; aujourd'hui, tous patrons. Avant, la patache ; aujourd'hui, le rapide Côte d'Azur.

Ce serait risible, si ce n'était si dangereux. Mais c'est avec de telles déclamations que l'on mène un peuple aux abîmes. Les enfants, électeurs et citoyens de demain, sont imbus de cette idée que de la Révolution date la grandeur de la France.

Il faudrait, au contraire, leur enseigner avec l'*Écho de la Ligue patriotique des Françaises* que :

La Révolution, c'est comme tout ce qui sort des Loges de la Franc-Maçonnerie, quelque chose de hideux, revêtu d'un masque trompeur, qui flatte les mauvaises passions et conduit au mal, avec l'apparence du bien.

Mais, hélas ! pour que l'on revienne à la saine notion des choses, il faudrait que cette puissance occulte qu'on appelle la Franc-Maçonnerie ne tienne plus en sa main le gouvernement de notre pays ; malheureusement, rien ne fait espérer jusqu'ici que son règne prenne fin.

Nous l'avons dit : c'est presque toujours la Franc-Maçonnerie qui inspire l'auteur du manuel d'histoire. Citons encore à ce sujet un article de M. Gurnaud.

Pour s'en convaincre, il n'est qu'à puiser à pleines mains dans leur floraison luxuriante : « On ne veut plus de l'histoire-bataille », écrivent MM. *Laclef* et *Bergeron*, dans la préface de leur *Histoire de France*. Sûrs de l'assentiment général, ils accordent aux huit croisades qui remplirent deux siècles de nos annales l'espace dérisoire d'un quart de page. Mais, vienne la croisade contre les Albigeois, ils ne nous épargneront aucun détail, ni, surtout, le commentaire obligatoire contre le fanatisme.

Nos guerres — campagnes de Charles VIII, de Louis XIV ou de Napoléon III — ont toutes été la conséquence d'une politique. Or, on les voit éclater sans autre raison que le bon plaisir des monarques ; l'historien peut ainsi les condamner en bloc, et c'est tout profit pour la cause du pacifisme.

MM. *Bouniol* et *Behr* écrivent :

« Notre cours d'histoire est conforme aux résolutions du Congrès des Amicales d'instituteurs, tenu en 1905. Il fait une large place aux croyances et aux idées, *aux luttes des classes*, aux transformations de la vie matérielle... La Révolution et le xixe siècle occupent plus de la moitié du livre : 43 leçons sur 75. Nous avons continué le récit jusqu'aux événements de l'heure présente. L'histoire que les enfants doivent connaître est surtout celle de notre temps. »

Sur les 32 leçons réservées, comme à regret, aux temps féodaux et modernes, 25 seulement sont de l'histoire proprement dite ; 7 sont consacrées à une critique intensive des « abus de l'ancien régime » — tel est d'ailleurs leur titre — et elles se déroulent avec ampleur sous couvert de ce savoureux préambule : « Pour comprendre la Révolution, il ne suffit pas de savoir que Louis XIV était un vaniteux, Louis XV un fainéant et Louis XVI un imbécile... » Voilà l'esprit qui préside à l'histoire de la monarchie. Voici maintenant comment sont racontés les événements contemporains. Je ne produirai que deux extraits, l'un relatif à nos campagnes de Madagascar et du Tonkin, l'autre à l'exposé de la question sociale ; voici le premier :

« (S'il est triste d'évaluer ce que nous a coûté notre gloire) il est peut-être plus triste encore de penser à la BRUTALITÉ DE CES CONQUÊTES. Une nation européenne a-t-elle le droit de soumettre à son empire, par amour-propre ou par avidité, des peuples faibles ? *Nous qui reprochons aux Allemands d'avoir annexé l'Alsace-Lor-*

raine malgré elle, pouvons-nous penser sans remords à la conquête de l'Indo-Chine ou de Madagascar ?... La Révolution a proclamé les *Droits de l'Homme* et non pas les *Droits du Blanc.* »

Et voici le second :

« Imaginons 100 ouvriers travaillant dans une usine, fabriquant des produits dont la vente, tous frais payés, rapporterait 300,000 francs et recevant 250,000 francs de salaires. A qui doit revenir la différence, *la plus-value ?* Au patron qui a fourni les machines et les matières premières, ou aux ouvriers qui ont fourni le travail ? Voilà toute la question sociale. »

A cette question, si étrangement posée, toute une page va répondre, toute la 75e lecture, récit des espoirs et des conquêtes du socialisme, éloge de sa doctrine, apologie de la « Confédération générale du travail ».

Admirons le patriotisme qui a dicté ces paroles : « Nous qui reprochons aux Allemands d'avoir annexé l'Alsace-Lorraine malgré elle, pouvons-nous penser sans remords à la conquête de l'Indo-Chine ou de Madagascar ? » Certainement, pour éprouver de tels sentiments, il faut que MM. Bouniol et Behr ne soient pas des Français. Mais alors pourquoi se chargent-ils d'écrire notre histoire ?

On pourrait leur demander aussi de quel droit ils s'immiscent dans les questions purement ecclésiastiques et quelle est leur compétence en cette matière. On lit à la page 292 de leur manuel :

« Sur Pie X. — Les cardinaux n'approuvaient pas la politique prudente de Léon XIII. A sa mort, ils voulurent choisir un Pape plus fanatique. En outre, ils détestaient la France, et ils élurent un ami de l'Allemagne, Sarto, qui prit le nom de Pie X. Celui-ci entra promptement en lutte contre la République. Il obligea deux évêques à démissionner, parce qu'ils étaient républicains. Le président

Loubet étant allé à Rome rendre au roi d'Italie une visite qu'il avait reçue, le Pape déclara en termes très vifs que la présence d'un chef d'État catholique dans l'ancienne capitale des États de l'Église était une insulte à la Papauté. La France rompit alors toutes relations avec Pie X, et l'on vota la loi de 1905 qui sépara l'Église de l'État. Cette loi, très libérale et très prudente, fut cependant maudite par le Pape, qui voulut y voir une odieuse persécution. »

Tout cela est inepte et faux, uniquement inspiré par la haine de la religion qui s'étale sans aucune mesure ni retenue. Comment admettre qu'un seul père de famille se disant catholique laisse un tel ouvrage entre les mains de ses fils ?

Le manuel de MM. Aulard et Debidour est tout aussi pernicieux ; il est d'ailleurs mis à l'index, ce qui n'empêche pas qu'il soit toujours en usage dans les écoles. Quelques citations donneront une idée de ce qu'il vaut.

1º Les chrétiens se firent du tort aux yeux des empereurs par leur intolérance et leur mépris des lois... ils refusaient aux empereurs les honneurs religieux qui leur étaient dus d'après la loi... la persécution ne fut jamais générale ni durable... le christianisme vainqueur devint à son tour violemment persécuteur. (Cours supérieur, p. 53.)

2º L'Église s'attacha à détruire non seulement par la persécution, mais encore par la force, ce qui restait des anciennes religions. Le clergé catholique persécuta aussi les sectes même chrétiennes qui s'écartaient de ses croyances. (Cours moyen, p. 12.)

3º Les Albigeois, qui ne comprenaient pas la religion chrétienne de la même manière que les catholiques furent exterminés au xiiie siècle par la volonté du pape Innocent III. (Cours moyen, p. 29.)

4º Le clergé étant devenu très corrompu, une partie

du peuple demandait que l'Église fût soumise à une réforme, dont les partisans... étaient généralement appelés Albigeois. (Cours élémentaire, p. 718, — voilà ce qu'on enseigne à des enfants de huit ans.)

M. Gurnaud fait également l'analyse du manuel d'*Histoire de France* de M. Aulard.

M. Alphonse Aulard, professeur d'histoire à la Sorbonne, est l'auteur d'une *Histoire de France* à l'usage des enfants. Chaque page du « Cours moyen » inscrit sur la « liste des livres destinés aux élèves des Écoles de la Ville de Paris et des départements », est pour ainsi dire contaminée, soit par une erreur volontaire, soit par un outrage contre l'Église et contre nos croyances. L'enseignement de l'histoire ne semble avoir été pour M. Aulard qu'un moyen d'inspirer aux jeunes enfants le mépris et la haine de toutes les institutions du passé.

Prenons « le procès et la mort de Jeanne d'Arc ». Voici ce que nous lisons (p. 39) :

« Jeanne d'Arc fut livrée par les Bourguignons aux Anglais, qui, voulant la faire périr comme une criminelle, mais n'osant pas se charger de ce qu'il y avait d'odieux dans cette condamnation, la firent juger par un tribunal ecclésiastique français. Ce tribunal n'était autre que l'Inquisition. »

Autant de contre-vérités que de mots. Les ecclésiastiques qui siégèrent comme juges au tribunal devant lequel comparut Jeanne d'Arc n'étaient Français que de naissance. Vendus à l'Angleterre, tous avaient abjuré la cause nationale. Quant au tribunal, s'il suivit la procédure inquisitoriale, il n'était pas l'Inquisition elle-même. Le grand Inquisiteur de France n'intervint pas dans l'affaire. Le tribunal fut institué par l'évêque de Beauvais, serviteur du gouvernement anglais, et non par le grand Inquisiteur, qui resta, pendant tout le procès, à Coutances. La vérité est que les juges appartenaient presque tous à l'Université de Paris, en révolte contre le roi de France et contre le Pape.

M. Aulard ramasse tout ce qu'il trouve dans les plus odieux pamphlets et le présente aux enfants comme pure vérité.

« Des populations entières furent égorgées par des armées que conduisaient les Légats du Pape *et au nom d'une religion* de paix et d'amour. A Béziers, on demandait au Légat comment on pourrait distinguer des hérétiques ceux qui ne l'étaient point : « Tuez-les tous, dit-il, Dieu reconnaîtra les siens. »

Or, personne n'ignore aujourd'hui que cette parole n'a jamais été prononcée. Aucun auteur contemporain ne la rapporte. C'est tromper indignement la jeunesse que de lui servir des faits aussi faux. Nous renvoyons M. Aulard à la dissertation du savant Tamisey de Laroque.

Au sujet de la Réforme, les procédés de falsification sont encore plus répugnants.

Calvet en entreprend, sur le mode lyrique, l'apologie, présentant Luther comme le plus saint des moines et le plus vertueux des apôtres ; une gravure représente le supplice d'Étienne Dolet. Et cette parole du « martyr de la libre pensée » se détache ostensiblement dans le cadre de l'image :

« Après la mort, tu ne seras plus rien du tout. »

« Les calvinistes, dit M. Aulard (p. 60), furent cruellement persécutés par le clergé catholique et par le roi. »

Voilà tout : aucune allusion n'est faite aux cruautés qui furent exercées par les huguenots contre les catholiques, — cruautés qui précédèrent les tardifs châtiments que les rois prescrivirent, après des années d'inertie, pour donner enfin satisfaction aux populations maltraitées par les calvinistes.

M. Aulard garde le silence sur les assassinats, sur les incendies, sur les sacs de monastères et de villes, sur les profanations de Saint-Denis, et ne dit pas un mot surtout

de l'alliance des huguenots avec l'étranger. Naturellement, le même « historien » se garde de citer le fameux
traité de Hamptoncourt, aux termes duquel le vertueux
Coligny, ce modèle des patriotes, prit l'engagement de
livrer, contre dix mille écus d'or, la ville et le port du
Havre à l'Angleterre.

Toutes les pages relatives à la période révolutionnaire
seraient à signaler. Voici ce que nous lisons page 158 :

« Des prêtres *rebelles*, qu'on appelait prêtres insermen-
tés ou prêtres réfractaires, fomentaient des séditions. »

Ainsi, les prêtres qui refusèrent d'abjurer la foi catholique, ces prêtres qui défendaient, au prix de leur liberté
et de leur vie, les droits de leur conscience, sont qualifiés
par M. Aulard de prêtres « rebelles » ! Le même écrivain
se garde de rien dire des divers martyres infligés à ces
prêtres « rebelles ».

M. Messire passe en revue dans l'*Univers* le manuel d'histoire de M. E. Lavisse. Tout d'abord, il
montre combien l'on a tort d'exposer avec une
extrême brièveté les débuts de notre histoire.

Si vous ouvrez le petit volume de l'*Histoire de France*,
première année, destiné aux enfants de 9 à 11 ans, par
M. E. Lavisse, vous y voyez d'abord un « Avis » où il est
dit que « des plaintes se sont élevées contre l'habitude de
retenir trop longtemps les écoliers sur les débuts de notre
histoire », et qu'un arrêté ministériel de 1894 a prescrit
« d'insister exclusivement sur les faits essentiels depuis
le xv° siècle jusqu'à nos jours ». Or, l'auteur se vante de
n'avoir pas attendu cet arrêté « pour pratiquer la méthode
qu'il recommande ». Il a toujours pensé « qu'il est ridicule et funeste d'apprendre par le menu aux enfants une
vieille histoire à peu près inintelligible pour eux, et que le
principal effort du maître et du livre est de leur faire comprendre l'histoire de leur temps ».

Une fois cela posé comme règle incontestable, M. Lavisse nous annonce qu'il a « présenté en raccourci » la période qui s'étend des origines à la mort de Louis XI et qu'il a presque triplé la place donnée à l'histoire contemporaine, de 1789 à nos jours.

Pour lui, c'est donc seulement à partir de 1483 qu'il convient d'insister sur les faits essentiels. Il estime « ridicule et funeste » de retenir quelque temps les écoliers sur la partie de l'histoire qui est antérieure au règne de Charles VIII et qu'il qualifie, avec une sorte de mépris, de « vieille histoire à peu près inintelligible pour eux ».

Mais ce serait précisément le devoir des auteurs et des maîtres de la leur rendre intelligible, si, d'ailleurs, elle ne l'était pas encore beaucoup plus que l'histoire contemporaine de notre régime parlementaire, ce que l'on pourrait aisément prouver. Puis, s'il est « ridicule » de la leur enseigner « par le menu », il serait toutefois utile de leur expliquer clairement les origines de notre nationalité, sa formation progressive, et de leur exposer combien notre patrie fut, à diverses époques, puissante et glorieuse, et pourquoi elle le fut. Nous ne sommes pas un peuple bâtard qui ne daterait que de 1789.

Comment comprendre la France moderne à partir de 1483, si l'on n'a pas connu, dans ses grandes lignes, la France du moyen âge ? Et en quoi serait-il « ridicule et funeste » de montrer, en quelques pages, l'influence du christianisme s'étendant peu à peu sur la Gaule romaine, surtout pendant le siècle de saint Hilaire et de saint Martin ; les évêques formant cette France de nos ancêtres, comme les abeilles leurs ruches, et abolissant peu à peu l'esclavage ; Clovis fermant la Gaule aux Alamans et, après son baptême, la conquérant sur les Wisigoths ; Clotaire II et Dagobert Ier portant leurs armes victorieuses au cœur même de la Germanie ; Charles Martel refoulant l'invasion musulmane ; Pépin et Charlemagne imposant la reconnaissance du pouvoir temporel des Papes, et le grand empereur subjuguant la Bavière, puis la Saxe

6*

jusqu'à l'Oder ; sous les faibles successeurs de celui-ci, la féodalité suppléant à leur insuffisance et repoussant les invasions des Normands avec Robert le Fort et les vaillants fils de ce héros ; la nouvelle dynastie, si populaire, des Capétiens qui favorisèrent le mouvement communal ; la chevalerie et la grande politique des croisades ; les glorieux règnes de Philippe-Auguste, de Louis VIII, de saint Louis et de Charles V ; enfin, après cent ans de revers mêlés de succès, la mission divine de Jeanne d'Arc et le prodigieux relèvement de la patrie ? Encore une fois, en quoi serait-il « ridicule et funeste » de donner aux petits Français cette intelligence de notre vieille histoire ?

Mais, on le comprend, il serait funeste autant que ridicule, pour nos prétendus libres penseurs, esclaves de la secte maçonnique, d'enseigner ces grandes choses de la France très chrétienne, de les expliquer à l'enfance et de les lui faire aimer : il faudrait d'abord les aimer soi-même ; puis, ce serait les lui faire regretter ; il est plus prudent, après les avoir supprimées, de lui présenter cette époque ancienne « en raccourci » et de lui en inspirer le mépris ; et cela pour satisfaire la haine que l'on nourrit contre la religion, parce qu'elle condamne la morale indépendante, et contre les vieux ancêtres que l'on trouve trop chrétiens.

C'est à cette condition que, pour M. Lavisse, deviendra plus facile l'exposition de la période moins chrétienne qui va de 1483 à 1789, de la prétendue Réforme de 1517 à la Révolution ; puis, il aura soin de présenter, sous un jour favorable, même d'embellir la période révolutionnaire, quitte à fausser plus ou moins l'histoire.

M. Lavisse toutefois parle bien de la France militaire et réserve l'avenir en ce qui concerne l'Alsace-Lorraine, tandis que la plupart des autres auteurs d'ouvrages similaires paraissent avoir pris le mot d'ordre des Loges pour les composer. Plusieurs d'entre eux, antimilitaristes autant

qu'antichrétiens, s'appliquent à démilitariser notre histoire en même temps qu'à la déchristianiser : ils laissent
le plus possible dans l'ombre l'héroïsme de nos grands
capitaines ; sous prétexte d'inspirer l'horreur de la guerre,
qui est un mal inévitable, ils prêchent un pacifisme niais
et cultivent dans le cœur des jeunes Français le vil sentiment de la lâcheté ; enfin, donnant les plus grands développements à ce qu'ils appellent la civilisation, ils font
surtout de l'histoire une étude des progrès matériels.

C'est principalement cet enseignement de l'histoire que
les pères de famille doivent surveiller, s'ils tiennent à ce
que leurs enfants ne deviennent pas, ce que sont beaucoup de leurs maîtres, des Sans-Dieu et des Sans-Patrie.

Il fait ensuite apparaître sous son véritable jour
cette France du moyen âge que l'on traite aujour-
d'hui avec tant de dédain.

Nous avons reproché à M. Lavisse d'avoir dit de la
France occidentale, telle que l'avait délimitée le traité de
Verdun, 843 : « C'est ce pays qui s'est appelé la France » ;
mais nous devons reconnaître qu'il avait pour cela une
bonne intention qui se révèle à la page suivante. Abordant
la dynastie capétienne, il s'exprime ainsi : « En 987, le
royaume de France était plus petit que la France d'aujourd'hui. Il s'arrêtait à la Meuse et au Rhône. » Jugez
donc ! La France de la troisième République, la France
de 1871 plus grande que celle de 987 ! Comme elle doit
être fière d'un tel progrès !

Mais à qui le doit-elle, d'être plus grande ? A nos rois
qui, suivant une politique de tradition, s'appliquèrent,
durant neuf siècles, à reconquérir, morceau par morceau,
lentement mais sûrement, cette France orientale que le
traité de Verdun avait accidentellement détachée pour
l'attribuer à l'aîné des fils de Louis le Débonnaire.

Hélas ! pour avoir voulu étendre la France de 1792
outre mesure et en dehors des voies traditionnelles,

Napoléon Ier la laissa plus petite qu'il ne l'avait reçue, et de même à son tour Napoléon III. Eh bien ! cette France d'aujourd'hui, quoiqu'elle soit encore plus grande que la petite France de 987, est en réalité beaucoup moins forte et moins féconde, et cela par le fait des tristes gouvernants qu'elle subit. Voyez plutôt quelle vigueur elle eut, notre petite France du xie siècle.

De 1035 à 1130, des seigneurs normands se taillent en Italie des principautés qui deviendront le royaume des Deux-Siciles ; Guillaume, duc de Normandie, conquiert l'Angleterre en 1066 ; Henri, prince capétien de Bourgogne, pour prix de ses services, reçoit, en 1095, d'un roi de Castille, le comté de Portugal que son fils érigera en royaume ; et Godefroy de Bouillon, vrai Français, quoique duc de Basse-Lorraine, fonde, en 1099, le royaume de Jérusalem. L'auteur n'a cité que le second fait.

Il n'y avait pas besoin de beaucoup de lignes pour exposer cela à des élèves et pour leur faire comprendre que la petite France d'alors valait bien celle d'aujourd'hui. Aucun souverain d'Europe n'eût osé lui imposer un Fachoda ni la mener à un Algésiras.

Les empereurs d'Allemagne eux-mêmes avaient à compter avec elle. Notre petit roi Lothaire, revendiquant la Lorraine, faillit, en 978, surprendre Otton II dans son palais d'Aix-la-Chapelle, et si celui-ci vint à son tour jusqu'à Montmartre, il dut bientôt reculer devant Hugues Capet, défenseur de Paris, et il perdit son arrière-garde. En 1125, Henri V menace Louis VI : mais, voyant les seigneurs et les milices paroissiales accourir en foule autour du roi, il n'ose franchir la Meuse. Plus tard, Philippe-Auguste refoule par deux victoires une double invasion d'Otton IV et de Jean-sans-Terre.

Ah ! notre petite France du moyen âge, comme elle était gaillarde et libre de ses mouvements ! Et comme nos jeunes Français de 1908 l'aimeraient, si on la leur présentait telle qu'elle fut !

Même quand les rois d'Angleterre, ducs de Normandie et d'Aquitaine, alliés aux cités flamandes et plus tard au duc de Bourgogne, enserrant la France de tous côtés, remportent les victoires de Crécy, de Poitiers et d'Azincourt, elle leur tient tête. Nos rois et les chevaliers, dit M. Lavisse, « combattirent vaillamment, *mais très mal, sans discipline* », et il souligne « très mal ». Soit, mais il aurait pu marquer, dans le résumé même de cette guerre de Cent ans, que nous eûmes, après Poitiers, un règne réparateur.

Charles V, en effet, reconquit pied à pied son royaume, moins quelques villes. Grâce à ce roi très sage, Duguesclin et les chevaliers se montrèrent alors capables de combattre les Anglais *très bien*, par une habile tactique de retraites qui permit, dans la suite, de remporter les grands succès de Montiel, de La Rochelle et de Chizay. M. Seignette a fait la même omission. Soyons justes pour nous-mêmes, ne citons pas que nos défaites !

« Les Français, en combattant contre l'Angleterre, comprirent qu'ils étaient un seul et même peuple. Ils eurent la haine de l'étranger, et l'amour de la France. » Très bien, M. Lavisse est patriote ! Mais pourquoi ajouter : « Ces sentiments inspirèrent Jeanne d'Arc, notre grande et sainte héroïne nationale » ? L'amour de la France, oui, mais non la haine des Anglais ! Son inspiration venait de plus haut encore : il convenait d'affirmer de « notre sainte héroïne » qu'elle tenait sa mission de Dieu même.

M. Seignette a timidement dit : « Jeanne *crut entendre* des voix lui disant d'aller au secours du roi de France. » Allons donc ! elle *entendit vraiment !* Un Français peut croire Jeanne d'Arc sur sa parole. Il est vrai qu'il faudrait d'abord croire en Dieu et, quand on croit en Dieu, avoir le courage de le dire.

Sachons gré, du moins, à M. Lavisse d'avoir commis cette heureuse inconséquence de qualifier de *sainte* notre grande héroïne nationale. Sainte, oui, vraiment, et l'Église, espérons-le, ne tardera pas beaucoup à le proclamer, avec son incomparable autorité.

En attendant, il nous plaît que notre auteur ait laissé échapper une épithète aussi cléricale.

Plusieurs évêques, entre autres Mgr Laürans, évêque de Cahors, et Mgr Bougouin, évêque de Périgueux, ont interdit dans leurs diocèses l'*Histoire de France* par Clavet, cours moyen. On y trouve les mêmes erreurs et les mêmes mensonges que dans les livres précédemment cités.

1° Charlemagne fut « un vrai barbare... dévoué à l'Église » (p. 12).

2° Le premier des réformateurs, *Luther*, moine très pieux, ne songeait nullement à cesser d'être catholique, il voulait simplement une réforme de l'Église, le retour à la pureté et à la simplicité des premiers temps du christianisme (p. 83).

3° L'Église vend les indulgences et de fausses reliques (p. 83).

4° Pendant les premières années (de l'Empire) le clergé catholique servit fidèlement. Il alla même jusqu'à enseigner, par ordre, que l'empereur devait être *adoré* (p. 215).

5° L'Église étant corrompue, un moine allemand, Luther, avait essayé de la réformer. (Cours moyen, page 58.)

6° A Paris, sous la Ligue, il y avait un grand fanatisme, des prêtres sanguinaires y prêchaient chaque jour l'assassinat. Un jeune *moine,* Jacques Clément, poignarde Henri III, les ligueurs l'honorèrent comme un saint. (Cours supérieur, page 158.)

Ce que l'on vient de lire prouve suffisamment que l'enseignement du livre, comme celui du maître, est non seulement presque toujours immoral et irréligieux, mais qu'il est encore trop souvent antipatriotique.

M. Gurnaud, après avoir parcouru un assez grand nombre de manuels scolaires, résume ainsi son étude :

L'école laïque abrite des livres malsains. Nous avons dépouillé plus de six manuels et nous en avons extrait des formules hautement nocives. Nous avons fait plus. Nous en avons dégagé l'esprit. Il est détestable. Livres d'histoire, de lecture ou de morale ne sont, trop souvent, qu'un réquisitoire systématique contre l'Église, qu'une apologie vexatoire de la libre pensée, de ses apôtres et de ses négations. Mais ils ont une autre tendance : ils n'épargnent pas la patrie. Une même pensée leur est commune : Il faut aimer la France d'un amour nouveau, non plus de cet amour candide et pur qui inspira l'héroïsme de nos pères et porta si haut et si loin dans le monde le nom de notre pays, mais d'une amitié moins jalouse, d'une tendance parcimonieuse, d'un attachement réservé. Que l'enfant modère donc son patriotisme, qu'il apprenne à détester la guerre, à considérer le courage militaire comme la plus barbare des vertus, à entourer d'un mépris superbe nos deuils, nos gloires, nos souvenirs, et, surtout, qu'il reporte sur l'étranger cet amour qu'il va marchander à son pays. Voilà les leçons du manuel transformé selon le vœu des « Amicales ». Si l'éducation n'est pas un vain mot, l'enfant qui reçoit cette empreinte ne peut pas faire un bon soldat ni devenir un bon Français.

M. Rocafort fait la même affligeante constatation :

Je le répète, il y a pire que ce livre, plus injuste, plus tronqué. Si l'on n'appelle pas Louis IX saint Louis, on y reconnaît qu'il a été un « bon roi », et Henri IV un « roi

populaire ». On avoue la part de l'Église dans l'adoucis-
sement des mœurs féodales. Mais nous comptons les endroits où se montre cet esprit d'équité. Dans l'ensemble,
c'est la même partialité, le même parti pris que dans les
plus mauvais, de silence ou de dénigrement vis-à-vis du
passé de la France, vis-à-vis de la royauté et de l'Église.
La tendance, voilée dans l'expression, s'accuse dans la
coupure du programme et dans l'ordonnance des chapitres ; c'est à la fois plus modéré et d'un effet plus
sûr.

Au reste, les auteurs n'ont pas caché leur parti pris, ils
en tirent gloire dans leur préface : « Notre plus grand
désir, écrivent-ils, est de faire des élèves des hommes de
progrès, de bons et sincères républicains... Du commencement à la fin, le plan de nos modestes livres tend vers
ce but. »

Tant pis. Je ne me plains pas, si vous voulez, que vous
fassiez de vos élèves des républicains, mais que vous ayez
voulu autre chose, étant historiens, que d'écrire l'histoire ;
étant Français, que de faire aimer la France, toute la
France. Ce que vous enseignez, ce sont les *Préjugés ennemis de l'histoire de France,* pour employer le titre du
récent ouvrage de Louis Dimier.

L'histoire de notre pays forme un bloc, le bon ; il n'est
point permis d'en rien retrancher. La Révolution, objet
de vos transports, n'eût pas été possible sans la longue
série des progrès qui l'ont précédée et préparée, et ces
progrès, je dis ceux qui sont incontestables et heureux,
tout le monde y a contribué, le roi et le clergé comme les
autres.

L'amour de la patrie n'est pas fait de la haine d'une
époque de cette patrie. Il ne s'accommode pas davantage
de la haine contre certains membres de cette patrie. Il n'y
a pas eu d'époque sans de beaux côtés, et chaque classe
de la nation a fait, dans l'époque où on la considère, du
mieux qu'elle a pu et qu'elle a su.

On n'en a que trop de preuves : nos pédagogues modernes ne se proposent ni de développer le sens moral ni de cultiver le patriotisme ; leur but, ils commencent eux-mêmes à le proclamer, c'est de déchristianiser la France.

CHAPITRE IV

Les résultats de l'enseignement laïque.

Voilà vingt-six ans que la loi de l'instruction laïque, et obligatoire a été promulguée en France. Elle a, durant cet espace de temps, donné ses résultats, elle a porté ses fruits. Voyons les uns et les autres.

« Amis et ennemis, dit Mgr Delmont, professeur de l'Institut catholique de Lyon, ont proclamé la banqueroute intellectuelle et morale de l'école laïque. »

Rien n'est plus exact que cette assertion. Parlons d'abord de la banqueroute intellectuelle. M. Buisson lui-même l'a publiquement reconnu dans un compte rendu officiel : « Un arrêt marqué se révèle dans les progrès de l'instruction. » A propos de ce compte rendu, M. Léon Walbret écrivait récemment dans l'*Éclair* :

La chose est navrante, mais elle n'est pas contestable, l'examen du compte rendu du recrutement des dix dernières années révèle *un arrêt marqué dans les progrès de l'instruction.* M. Buisson y insiste : *Non seulement, dit-il, le pays, depuis quelque temps, reste stationnaire, mais il semble reculer. De quelque manière qu'on établisse les calculs, cette triste impression se confirme avec une évidence contre laquelle on voudrait pouvoir se débattre.* Oui, M. Buisson voudrait bien pouvoir nier; mais l'évidence est là, devant laquelle il est forcé de s'incliner.

Voici, en effet, ce que révèle le dernier compte rendu, celui de 1906 :

En 1906, 208,012 jeunes gens sont enregistrés comme

possédant ce que la statistique appelle « une instruction primaire plus développée ». Or, pour cette catégorie, on comptait 253,000 jeunes gens dans les deux années précédentes, et 250,000 dans les deux années antérieures. *C'est une chute de près de 50,000, de près de 20 pour 100 dans le nombre des jeunes gens ayant une instruction primaire développée.*

Jetez un coup d'œil sur ce tableau comparatif, pour les années 1905 et 1906, de l'état d'instruction des jeunes gens entrant dans l'armée :

	1905	1906
Sachant lire seulement	3,489	5,086
Sachant lire et écrire	29,999	73,001
Ayant une instruction primaire plus développée	253,518	208,012

Ces chiffres s'expliquent les uns les autres : *Si, d'une année à l'autre, le nombre des jeunes gens ayant une instruction primaire assez développée a diminué de 45,506 unités, c'est que le nombre des jeunes gens sachant lire seulement ou lire et écrire seulement a augmenté de 46,599 unités.*

En ce qui concerne les jeunes gens illettrés ou presque illettrés, leur nombre, en 1906, dépasse celui des trois précédentes années. On comptait, en effet, comme ne sachant ni lire ni écrire ou sachant à peine lire seulement :

En 1903.	$12,444 + 3,603 = 16,047$
En 1904.	$11,749 + 3,280 = 15,029$
En 1905.	$10,644 + 3,489 = 14,133$
En 1906.	$11,044 + 5,086 = 16,130$

Ainsi, le nombre des illettrés ou demi-illettrés se relève en 1906 jusqu'à dépasser celui de 1903; et, de 1905 à 1906, leur nombre augmente de 3,000.

Quant aux jeunes gens sachant lire et écrire seulement, le nombre était de 37,000 en 1900 ; il s'était abaissé à

29,000 en 1904 et 1905; il monte à 73,000 en 1906. Et, en même temps que le nombre des jeunes gens sachant lire et écrire seulement augmente de 14,000, celui des jeunes gens ayant une instruction primaire développée baisse de 45,000.

Au lieu de s'élever, le niveau intellectuel s'abaisse sensiblement. Rappelons à ce sujet les résultats d'une enquête effectuée dans un régiment d'infanterie. C'est encore M. Buisson qui constate ces résultats.

Sur 62 soldats interrogés, 17 étaient complètement illettrés. Les 45 autres ont répondu par écrit aux questions posées, et voici leurs réponses :

PREMIÈRE QUESTION : *Quel est le gouvernement actuel de la France? Dans quelles circonstances a-t-il été établi?* — 4 ont donné une réponse satisfaisante accompagnée d'un commentaire exact de quelques lignes; 14 ont simplement cité la République ; 3 n'ont pas répondu à la question ; 4 ont déclaré que le gouvernement actuel de la France, c'est : « le gouvernement français — le président de la République — la France établie par tous les pays (?) — tous les coups d'État assemblés *(sic)* ».

DEUXIÈME QUESTION : *Où se trouvent les villes de Metz, Nancy, Belfort, Vienne, Port-Arthur, Austerlitz?* — Un seul a répondu exactement aux six questions en situant d'une façon précise les villes dont on lui donnait les noms; d'autres ont simplement désigné les pays où elles se trouvent; 13 ont donné cinq réponses exactes; 7 n'en ont donné que quatre; 7, trois; 8, deux; 4 n'ont commis que des erreurs. Il est à peine besoin de dire que les erreurs commises étaient monstrueuses. Voici les plus marquantes : METZ, *France* (5), *Amérique* (1). NANCY, *Meuse* (3), *Allemagne* (1). BELFORT, *Allemagne* (10), *Meuse* (1). PORT-ARTHUR, *Russie* (2), *France* (3), *Italie* (5). AUSTERLITZ, *Amérique du Nord* (1), *Russie* (2), *Angleterre* (1).

TROISIÈME QUESTION : *Le capitaine d'une compagnie de 118 hommes voudrait distribuer à chacun d'eux un quart de vin. Ce vin coûtant 0 fr. 40 le litre, à combien s'élèverait la dépense ?* — 10 n'ont pas résolu ce problème ; 23 ont trouvé le résultat exact, mais sans solution raisonnée ; 6 ont fourni un raisonnement convenable ; 23 ont remis une feuille blanche, en dehors des 17 illettrés.

Voici un autre exemple plus concluant encore :

Dans un autre régiment, des capitaines interrogeaient, en 1906, 115 recrues, dont un bachelier ès lettres, 30 jeunes gens ayant obtenu le certificat d'études, 71 sachant lire et écrire et 13 illettrés. Ces hommes faisaient partie des contingents de 14 départements : Charente, Cher, Indre, Loir-et-Cher, Loire-Inférieure, Morbihan, Orne, Sarthe, Seine, Seine-et-Marne, Seine-et-Oise, Vendée, Yonne. Il semble donc bien que ces 115 recrues représentent la moyenne exacte du degré d'instruction, parmi les jeunes Français de l'ensemble des départements.

Or, il résulte de cette enquête que, sur 115 jeunes Français sous les armes, 27 pour 100 ignorent absolument Jeanne d'Arc, 37 pour 100 la Révolution, 40 pour 100 la guerre de 1870, 45 pour 100 l'Alsace-Lorraine, 60 pour 100 Napoléon, et 66 pour 100 Louis XIV.

Ils n'en savent pas davantage sur Marceau, « qui fut un ancien dessinateur » ; — sur Austerlitz, « qui fut un ambassadeur » ; — sur Valmy, « bataille sous Napoléon, il y a cinquante ans » ; — sur Strasbourg, « bataille... je ne sais où » ; — sur les colonies, « endroit où l'on met les mauvais sujets et les enfants abandonnés » ; — sur l'Algérie, « puissance où il y a des nègres » ; sur Victor Hugo, « qui inventa le vaccinage ». 80 pour 100 ignorent le nom de l'amiral Courbet et 90 pour 100 le nom du colonel Marchand. Pour les uns, Gambetta était un homme de lettres ; pour d'autres, « il fit de grandes découvertes » ; pour d'autres encore, « il fit le coup d'État ».

C'est un véritable effondrement !

Mais comment réagir ? L'origine du mal est à l'école même, et c'est là qu'il faudrait atteindre le mal.

Il faudrait d'abord qu'instituteurs et institutrices comprennent vraiment leur devoir et s'y consacrent.

Il y a encore des instituteurs qui pensent que leur devoir consiste à inculquer aux enfants les principes de la grammaire, de l'orthographe, du calcul, de la géographie et de l'histoire.

Mais leur nombre diminue, et quantité de maîtres, de jeunes maîtres surtout, trouvent cette besogne au-dessous de leur valeur et de leur dignité.

Ceux-là enseignent tout à leurs élèves, excepté l'essentiel.

Les conscrits ne sont pas seuls à faire preuve d'une instruction moins qu'élémentaire. Les élèves qui subissent les examens du certificat d'études donnent, chaque année, de curieux spécimens de leur ignorance. Nous lisons dans la *Croix* du 26 juin :

Le *Bulletin de l'Amicale de la Nièvre* citait récemment quelques-unes des innombrables bévues commises par les jeunes écolières lors des examens pour le fameux certificat.

Ce serait très amusant si ce n'était si triste.

Citons cette publication qui n'a rien de clérical ni d'hostile à l'enseignement officiel :

Mlle Lucienne écrit que Vauban était un orateur du siècle de Louis XIV, et Mlle Pauline qu'il a organisé l'enseignement primaire.

Mlle Andrée déclare que Charles X était un royaliste et qu'il avait pour ministre un royaliste aussi.

Mlle Berthe prétend que Pasteur guérissait la rage et le microscope.

Mlle Joséphine raconte que la féodalité fut une grande défaite, et elle ajoute que jamais les guerres ne sont bien utiles, même gagnées.

Mlle Yvonne nous apprend que le Havre est un port militaire célèbre par ses huîtres.

Mlle Suzanne croit que Mme Roland fut une reine de France guillotinée.

Mais Mlle Mathilde rectifie : « Mme Roland, dit-elle, était la femme du neveu de Charlemagne, qui mourut en jouant du cor de chasse. »

Ce que dénote surtout cette collection d'âneries, que nous pourrions prolonger, c'est le surmenage de la mémoire au détriment de l'intelligence et de la réflexion.

Ces pauvres petits cerveaux sont bourrés de formules, de lambeaux de phrases toutes faites, de mots qu'ils assemblent au hasard, sans les comprendre.

Ainsi Mlle Berthe a étudié trois lignes de notice sur Pasteur, trois lignes qu'elle a retenues à peu près sans y comprendre un traître mot. Elle se rappelle qu'il y a là-dedans « rage » et « microscope ». Qu'est-ce qu'un microscope ? On ne lui a pas fait comprendre. Et alors, elle assemble au hasard de la mémoire les mots qui flottent dans ses souvenirs, et sans savoir ce qu'elle écrit, elle parle de la « guérison de la rage et du microscope ».

Mlle Joséphine, elle, a eu une maîtresse antimilitariste. Celle-ci lui a souvent seriné une tirade quelconque contre la guerre. L'élève ignore ce qu'est la féodalité, mais ce mot éveille chez elle une vague idée de bataille, et alors jaillit tout naturellement de sa mémoire la tirade sur la guerre qu'elle a retenue, mais sans la comprendre et sans comprendre le sens des mots. Alors elle écrit cette jolie chose : « Jamais les guerres ne sont bien utiles, même gagnées. »

Et voilà comment on apprend à réfléchir, à raisonner dans maintes écoles officielles.

L'élève est un perroquet qu'on bourre de formules, et comme il a une cervelle d'oiseau, le perroquet mêle les formules, s'embrouille dans les mots. Comme celui de Gresset, il en arrive à répondre, quand on lui demande une gentillesse : « Que la peste te crève ! »

On est ahuri, on s'exclame ; mais le perroquet ne sait ce qu'il a dit.

La responsabilité d'un tel échec n'incombe pas tout entière aux instituteurs ; la cause en est en grande partie aux programmes, qui sont surchargés. On a voulu tout apprendre aux enfants ; cette ridicule prétention ne pouvait manquer d'aboutir à un résultat désastreux.

La *Dépêche de Toulouse*, le grand journal blocard du Midi, s'exprime ainsi par l'organe de son rédacteur, M. Jeune :

Nous devons reconnaître, disait-il, que les résultats obtenus à l'école primaire laïque ne répondent pas à la somme d'efforts dépensés pour y parvenir. La grande majorité de nos écoliers n'emportent de cette école que des connaissances insuffisantes, presque toujours tronquées ou mal digérées. En d'autres termes, ou bien ils ne savent pas grand'chose, ou ce qu'ils savent, ils le savent mal.

Mais si les maîtres de l'Université constatent avec stupeur la banqueroute intellectuelle de l'école, ils doivent reconnaître qu'à un autre point de vue, leur but a été atteint. Que se proposaient-ils, en effet ? M. Vessiot va nous le dire. Nous lisons dans la *Croix* du 3 septembre :

Donc il y a à peu près vingt ans, ce M. Vessiot publiait un ouvrage : *L'Éducation à l'école*, où il avouait le but poursuivi par la pédagogie laïque : arriver, par l'enseignement, à bannir la religion de la société,

Dans son dilettantisme de pédagogue-philosophe, il considère l'œuvre de la neutralité scolaire comme une expérience tentée par l'État pour voir si enfin on ne pourrait pas arriver à constituer une société honnête sans religion.

Il ne répugne pas à la tentative. Son esprit clairvoyant ne pouvait pas ne pas apercevoir les risques, les ruines individuelles, familiales, sociales qu'entraînerait, nécessairement une semblable expérience.

Il n'importe.

En physique, en chimie, en sciences naturelles on sacrifie des produits pour les travaux de laboratoire, pour les essais scientifiques :

Il n'en va pas autrement chez nos scientifiques de la philosophie et de la pédagogie laïque.

Ici les produits sont des âmes, des familles ; c'est le bonheur, la paix, la rectitude des consciences qui sont en jeu ; on expose le présent et l'avenir de milliers d'êtres humains, leur fortune matérielle, leur honneur moral ; on jette dans l'atmosphère sociale des principes dont les conséquences peuvent amener des révolutions de honte et de sang.

Encore une fois il n'importe.

Ces scientifiques en éducation se donnent le droit de sacrifier ces produits en vue du progrès (?) de leur science, comme des chimistes font de quelques éprouvettes de chlore ou de mercure, ou des naturalistes de la vie de quelques cobayes ou de quelques lapins.

Qu'on ne m'accuse pas d'abuser des droits de la comparaison !

Je cite M. Vessiot à la page 4 de *L'Éducation à l'école* :

« C'est une grande expérience qui se tente aujourd'hui : une société peut-elle vivre sans religion ? L'Histoire répond : non ; mais le passé n'est pas nécessairement l'avenir, et il peut se faire que le progrès général de la raison assure aux sociétés modernes une force conservatrice et des éléments de moralité qui manquent aux sociétés anciennes. » (*L'Éducation à l'école,* p. 4.)

Avouez qu'on n'est pas plus cruellement... scientifique aux dépens des âmes.

Involontairement vous revient le mot païen : *experimentum in animâ vili,* et l'on se met devant les yeux ce tableau d'un affreux réalisme où Néron — c'est bien lui, je crois — est représenté expérimentant des poisons sur un esclave.

Et ici « l'âme vile » ce sont des âmes d'enfants, c'est l'âme des enfants de tout un pays.

Seul celui qui fut homicide dès le commencement pouvait inspirer pareille expérience, seule la secte, son âme damnée, pouvait l'entreprendre.

L'expérience continue depuis un quart de siècle, et elle répond « non » avec l'histoire.

Quelle aberration d'orgueil insensé de croire au progrès général de la raison, quand cette raison est capable de susciter une aussi horrible entreprise chez ces pédagogues-philosophes qui se croient à l'avant-garde de ce progrès général !

M. Vessiot a vécu assez longtemps pour savoir, se convaincre que, pas plus que les sociétés anciennes, les sociétés modernes ne possèdent « une force conservatrice et des éléments de moralité » capables de les faire « vivre sans religion ».

Il a pu contempler les résultats de l'expérience. Ils couvrent la France et mettent en péril son existence nationale et sociale.

Ce sont : l'accroissement formidable de la criminalité de la jeunesse, l'augmentation du nombre des illettrés, les progrès de l'alcoolisme, la diminution des naissances, la création de tout un parti antipatriotique, disposé à planter notre drapeau dans le fumier.

Voilà où l'on est arrivé ! Voilà les résultats de la loi

de 1882. Citons, en passant, un exemple d'éducation laïque.

Un de nos concitoyens, qui venait d'Amiens ces jours derniers, a été témoin de cette scène.

Le train passait à Boves, devant le crucifix dont le christ, de grandeur presque naturelle, se trouve au niveau de la ligne sur la droite en allant vers Amiens. Dans le compartiment de notre Montdidérien se trouvait un garçonnet d'une dizaine d'années avec son père, qui était probablement un instituteur.

A la vue du crucifix, le gamin se retourne vers l'auteur de ses jours et lui dit : « Oh ! papa, un homme pendu là, que c'est drôle ! »

Le père se contenta de sourire.

L'ignorance crasse de l'enfant lui paraissait sans doute toute naturelle et même... méritoire !

C'est un exemple entre mille, pris sur le vif, de l'*éducation* laïque telle que l'on prétend l'imposer à toutes les familles françaises...

Nous disons que les promoteurs de l'enseignement laïque ont atteint en partie leur but. C'est ce que M. Arthur Loth montre avec éloquence dans l'*Univers* du 26 août 1908.

Oui, si l'on ne regarde qu'à la proportion de lettrés et d'illettrés parmi les conscrits, si l'on attache la même importance que M. Buisson à la culture de l'école primaire, si l'on considère avec lui l'ignorance scolaire comme un fléau public, on peut dire que l'école laïque a manqué à ses promesses, qu'elle n'a pas donné les résultats qu'on attendait d'elle. Et c'est un échec pour les prôneurs de l'instruction obligatoire, une déconvenue pour les bâtisseurs des palais scolaires et les votants des gros crédits budgétaires de l'Instruction publique.

Mais, à un autre point de vue, bien plus important

celui-là, l'école laïque n'a que trop réussi. Elle a donné, et surabondamment, les résultats que ses promoteurs en attendaient principalement. Elle a été le grand auxiliaire de la politique anticléricale. L'esprit que l'on voulait y infuser aux nouvelles générations s'est largement répandu parmi elles ; le genre de science que l'on se proposait surtout de leur inculquer a produit ses effets.

L'école laïque a formé et elle forme tous les jours de nouvelles générations de jeunes athées, détachés de toute croyance religieuse, de jeunes « amoraux », selon la formule des docteurs de la morale libre, de jeunes « sans Dieu ni maîtres », recrues du parti de l'anticléricalisme, futurs électeurs du Bloc. C'est ce que l'on attendait le plus d'elle. Peu importe le degré d'instruction de ces produits de l'école laïque. Si M. Buisson et ses amis paraissent regretter qu'il y ait encore parmi eux tant d'illettrés, c'est moins dans l'intérêt de la science que par crainte que ces jeunes sauvageons ne leur échappent et subissent moins l'influence du livre et du journal. Instruits, ce n'est pas ce qui importe aux sectaires, mais athées et anticléricaux, voilà ce qu'il leur faut.

En cela, l'école laïque a bien rempli son rôle, elle a répondu aux intentions de ses fondateurs et de ses patrons. Elle est en train de faire une France impie et matérialiste, à côté de la France catholique. Voilà qui est maintenant évident et que l'on commence enfin à voir. L'alarme a été donnée par les évêques, par les comités et congrès catholiques, par les journaux libéraux, par les faits eux-mêmes. Les familles chrétiennes sont averties du péril de la foi que courent leurs enfants à l'école laïque. L'esprit de secte s'est démasqué. La neutralité apparente est devenue de l'impiété ouverte.

M. Chocquel, en réponse à l'enquête sur « l'Avenir de nos enfants », fait la même affligeante constatation.

Comme on fait d'un arbrisseau que l'on écrase du pied de peur de le voir s'accroître et gêner l'horizon, ils se sont attaqués à l'enfant, l'homme de demain. Au nom d'une loi vite fabriquée, ils ont fait main basse sur les écoles où le nom de Dieu était béni et adoré ; l'athéisme remplace la croyance des siècles... et la génération nouvelle qui « lève » promet, certes ! pour l'avenir.

En effet, depuis quelques années déjà, les conséquences de l'éducation laïque ont commencé de se faire sentir ; et de quelles déplorables manières : des hommes sans foi ni loi se sont répandus partout, infestant de leur contact malsain toutes les branches de la société.

L'industrie et le commerce n'en sont pas exempts ; et l'honnêteté est une plante de plus en plus rare aujourd'hui.

A côté de cela, la criminalité augmente dans des proportions tellement fantastiques, que tout homme prévoyant se pose avec angoisse cette question : Où allons-nous ?

Et la logique, la triste logique poursuit son œuvre néfaste... Plus de Dieu, alors... à quoi bon la patrie, la propriété, la famille ?... Et l'on accueille avec empressement les *principes nouveaux,* si faciles : l'hervéisme et le socialisme. On trouve des propagateurs empressés pour répandre, dans les cités anciennes surtout, les abominables théories néo-malthusiennes. Voilà où nous en sommes aujourd'hui, grâce à l'éducation laïque... *Que sera demain ?...*

Les amis de l'école laïque eux-mêmes, après avoir reconnu sa faillite intellectuelle, avouent aussi sa banqueroute morale. Nous trouvons dans le *Figaro:*

Partout on a construit de vastes écoles, installé des instituteurs, promis des brevets et des diplômes, imposé de splendides programmes d'instruction ! Mais on commence, un peu tard, en vérité, à mesurer l'erreur commise ; on n'a guère eu d'autre souci que de meubler l'esprit, de cultiver le cerveau ; mais on a négligé, par contre, la formation du caractère et du cœur... Évidemment, on a fait confiance avec un trop bel optimisme au savoir et à la raison, en comptant sur eux — sur eux seuls — pour produire l'équilibre moral, comme un heureux fruit naturel ! « Et maintenant, dans le vide et le désarroi créés par les principes de stricte « neutralité scolaire », nos éducateurs (même parmi les plus « avancés ») reconnaissent, non sans appréhension, l'avantage donné aux tentateurs du dehors, aux diaboliques logiciens de l'hervéisme et de l'anarchie, qui, si l'on ne se décide enfin à contrarier résolument leur besogne destructrice, auront tôt fait de contagionner les enfants et les maîtres.

Un tel aveu de la part du *Figaro* est significatif. En voici un autre qui n'est pas moins surprenant. Il est cité par la *Croix du Nord*.

Qu'on ne nous accuse ni de radotage, ni de parti pris, lorsque nous crions à la faillite de l'école laïque officielle.

Écoutez un de ses protecteurs, un de ses prophètes, M. Compayré :

« Prenez-y garde. Lorsque l'État, dans les lois républicaines, a exclu de l'école l'enseignement religieux, il a pris avec les parents des enfants l'engagement d'honneur de remplacer ce qu'il supprimait. Il manquerait à sa parole, l'école faillirait à sa mission, si l'instituteur prétendait, pour une raison ou pour une autre, se décharger de son rôle d'éducateur moral. Le jour où il sera prouvé que nous ne voulons pas ou que nous ne pouvons pas enseigner à nos élèves les vertus de l'honnête homme, ce serait la faillite de l'école laïque, ce serait un désastre moral... »

Eh bien ! nous y sommes, nous assistons désolés, impuissants, à cette « faillite de l'école laïque », à ce « désastre moral ».

Il est venu, « le jour où il est prouvé que l'État ne veut pas, ne peut pas enseigner à ses élèves les « vertus de l'honnête homme ».

Ils parlent, ils enseignent au nom de l'État, ces auteurs de Manuels d'instruction morale et civique, qui nient l'existence de Dieu, la vie future, avec ses récompenses et ses châtiments, qui font de l'homme un mécanisme de matière et d'instinct dont il ne reste rien après la mort.

C'est ce que nous avons vu récemment dans l'ouvrage de cet inspecteur Dufresne, destiné à former les maîtres laïques dans les écoles de l'État.

C'est un délégué, un porte-parole de l'État que cet Abel Bayet, qui dit, dans son manuel : « Les bonnes actions sont celles qui sont utiles, c'est-à-dire celles qui nous rendent vraiment heureux ; les mauvaises sont celles qui nous sont nuisibles, c'est-à-dire celles qui nous rendent malheureux. On peut donc dire que la morale nous enseigne quelles sont les choses qu'il faut faire pour être vraiment heureux. »

Comme l'argent est un puissant instrument de bonheur, il me sera donc, d'après M. Bayet, permis d'en voler, si j'ai chance sérieuse d'échapper au malheur du gendarme et de la prison. Je pourrais même aller, pour prendre cet argent, jusqu'à l'assassinat de son propriétaire, à condition de combiner mon coup de façon à éviter la cour d'assises.

Impossible de ne pas ranger cette action parmi les choses à faire pour me rendre vraiment heureux.

Les Pollet et les Deroo de la bande d'Hazebrouck sont des disciples pratiques de M. Bayet ; car ils n'avaient rien ménagé pour se procurer le moyen d'être heureux et pour ne pas tomber dans le malheur d'être arrêtés et condamnés.

Ils ont tout fait pour être heureux ; ils sont donc en règle avec la morale de M. Bayet.

Sont-ils aussi en règle avec la morale des braves gens ?

Ainsi, nous prenons sur le fait l'État « ne voulant pas enseigner à ses élèves les vertus de l'honnête homme ».

Quand même il le voudrait, le pourrait-il ; puisqu'il se refuse à enseigner l'existence d'un Dieu juge et d'une vie future, où nous serons payés de la vie présente ?

Voilà bien la faillite de la morale à l'école laïque, constatée non par nous, mais par ses grands maîtres et ses plus chauds partisans.

Nous l'avons montré : au point de vue intellectuel, au point de vue moral, c'est la faillite caractérisée.

Le mal ne s'arrête pas là : le patriotisme lui aussi est atteint jusque dans ses racines. Pourrait-il en être autrement ? Les Français ne savent plus l'histoire de leur pays.

Leur ignorance sur ce point a éclaté en maintes circonstances. En voici une preuve de plus.

Nous avons ici le témoignage d'un jeune officier, le lieutenant Rolland, cité avec complaisance par la blocarde *Dépêche de Toulouse*, déjà nommée.

Il s'est adressé, quinze jours après leur incorporation, à 20 hommes de recrues, choisis *absolument au hasard* et interrogés par lui dans des conditions qui les mettaient tout à fait à leur aise. De ces hommes, les uns étaient des illettrés, les autres savaient lire et écrire, un ou deux possédaient le certificat d'études ; et toujours le résultat de ces enquêtes fut décevant, comme on peut en juger par quelques-unes des réponses suivantes :

— Qu'est-ce que Jeanne d'Arc ?

— Elle est morte sur un rocher.

Ou bien :

— Reine de France, brûlée par les Prussiens en 1870.

— Et Louis XIV ?

— Un ministre.

— Un ancien officier.

— Que savez-vous d'Iéna ?

— C'est un grand général : le général Iéna sous la Révolution.

— Et Austerlitz ?

— C'est un ambassadeur.

— Napoléon Ier ?

— Un ancien roi d'Espagne.

— A été livré aux Prussiens par Bazaine.

— A été fait prisonnier par les Anglais au pont-de-Montereau où il a sa statue. Est mort empoisonné après avoir été amené à Clermont-Ferrand.

— Gambetta ?

— C'est lui qui a fait le coup d'État.

— Un grand général, en 1789.

— Victor Hugo ?

— Un compositeur.

— Un ancien avocat.

— C'est lui qui a inventé le « vaccinage ».

Peut-on plus jolie collection de bourdes ?

Elle nous est fournie par cette *Dépêche* si chère à la Loge : on ne saurait donc nous accuser de calomnie.

Continuant son enquête, le lieutenant Rolland a constaté que :

« 50 pour 100 des jeunes Français qui arrivent au régiment ignorent que cette patrie qu'ils viennent, sans s'en douter, servir, que cette armée dans laquelle ils entrent a eu des siècles de gloire.

« 36 pour 100 des Français de vingt ans ignorent que la France a été vaincue en 1870-71.

« 42 pour 100 de ces mêmes hommes ignorent qu'à pareille date la France fut dépouillée de deux de ses provinces. »

Voilà où nous en sommes après un quart de siècle d'instruction laïque et obligatoire, pesant lourdement sur le budget annuel du pays.

C'est bien la faillite caractérisée, incontestable !

Et, en morale, comme en patriotisme, les Compayré et consorts ne trouvent rien à changer dans l'enseignement, du moins n'indiquent aucune modification à introduire dans les principes et dans les méthodes.

« La carrière des peuples, disait naguère un écrivain, est une ascension, une station ou une dégringolade. » En France, il n'y a pas à se le dissimuler, on est en pleine décadence. C'est ce que M. de Saint-Auban montrait dernièrement dans la *Croix*.

Certes, les braves cœurs, les belles âmes, les cerveaux distingués ne manquent pas. Les élites françaises continuent de marcher à la tête des élites ; elles forment encore un syndicat d'énergies, de noblesses et de générosités ; la race produit toujours des soldats qui se taisent et meurent, des prêtres qui souffrent et bénissent. Mais l'âme collective s'anémie ; les tailles baissent, au propre et au figuré ; la moyenne tend à tomber au-dessous de la moyenne ; les Loges poussaient le cri de Gœthe : « Qu'il entre plus de lumière ! » et la nuit s'épaissit... Elles bafouaient les « ignorantins » ; elles ne parlaient que de science répandue à flots, donnant aux masses le nouveau baptême, fertilisant le cerveau populaire : et le pays se noie dans un lac d'ignorance...

Qui le dit ? Des catholiques, des cléricaux, des rétrogrades, des mécontents, des ennemis du régime ? Non : des hommes que revendique le « bloc » politique, social, intellectuel, des professeurs de laïcisation, des apôtres du divorce ! Ce n'est pas un dévot qui a crié la faillite de l'école primaire, dénoncé d'une voix inquiète les vingt mille conscrits illettrés de 1907 ; c'est M. Buisson. Ce n'est pas un congréganiste qui signale avec angoisse les douloureux constats de nos officiers, les désespérantes enquêtes du lieutenant Rolland ; c'est M. Paul Margueritte : « Il en résulte, clair comme le jour, que les deux cinquièmes au moins, plus du tiers des recrues, ignorent ce que c'est que l'Alsace-Lorraine, et qu'il y a eu, en 1870-71, une guerre d'où notre patrie, après de courageux et sublimes efforts, est sortie amputée de deux provinces... »

Et comment les recrues la connaîtraient-elles, la brutale amputation qu'elles n'ont pas vue saigner ? Les témoins du malheur diminuent ; la mort ferme les yeux qui versèrent des larmes ; les cœurs frissonnants cessent de battre ; notre grand deuil n'est plus l'actualité ; il appartient désormais à l'histoire. Mais l'histoire officielle, l'histoire des instituteurs chargés de façonner les âmes élémentaires, refuse de le mentionner ; elle tait cette histoire-là, nos revers et nos gloires ; elle se détourne de nos champs de bataille ; heureux ou malheureux, l'héroïsme de nos morts lui fait honte...

Un capitaine de mes amis interrogeait, au corps, un de ces pédagogues :

— Que savez-vous de la bataille de Sedan ?

— L'histoire militaire ne fait plus partie de nos programmes, répondit le magister.

Que répliquer ? Fourrer l'individu à la salle de police ? Il disait vrai : l'histoire militaire ne fait plus partie de *ses* programmes ! Il a le droit, sur les rangs, en uniforme, d'ignorer Sedan ! Son impertinence était une légalité !

— Passe le Rhin, bonhomme ; acquiers la nationalité germaine que bientôt de force on t'imposera si tu continues ton œuvre néfaste, et, une fois teutonisé, applique ta méthode aux petits sujets du kaiser ; assis dans ta nouvelle chaire, oublie les épopées allemandes, les batailles allemandes, les défaites allemandes, les triomphes allemands ; tu m'en diras des nouvelles !

De ce côté-ci du fleuve, l'instituteur faisait la forte tête ; mais d'innocentes âneries, pures de toute insolence, marquent le résultat de nos procédés pacifistes ; j'en ai noté le texte exact ; il vaut cent démonstrations.

On soumettait à une épreuve officieuse des aspirantscandidats au grade d'officier de réserve ; on examinait donc, remarquez-le, non pas des ouvriers, des paysans, mais des demi-bourgeois, des quarts d'intellectuels ; on voulait, avant l'épreuve officielle, les sonder un peu, voir ce qu'ils avaient, comme on dit, dans le ventre ; le thème de la composition était celui-ci : « Données générales sur la guerre de Crimée. » Un photographe, qui se flattait sans doute d'être affranchi des vieux clichés, écrivit le plus sérieusement du monde : « Napoléon, embêté par les Turcs, leur déclara la guerre ; malgré leur résistance acharnée, les Turcs furent battus à la bataille du Mamelon-Vert, où le brave maréchal Mac-Mahon prononça la phrase bien connue : « J'y suis, j'y reste ! »

La géographie ne provoqua pas une érudition moins solide ; on demandait le « système défensif des frontières françaises » ; un des candidats à l'épaulette répondit : « Quant aux Pyrénées, elles sont défendues par Saint-Jean-Pied-de-*Porc*. »

Voilà pour l'histoire et la géographie militaires ! Si des photographes, des commerçants, des rentiers, l'approfondissent de la sorte, qu'exigerez-vous du plus humble populo ?

Terminons cette étude par une sorte de réquisitoire que publiait, il y a peu de temps, l'institut populaire de propagande. Tout commentaire serait superflu.

Ils ont eu tort, en ouvrant des écoles, d'en chasser Dieu.

Ceux qui enseignent à vos enfants qu'il n'y a pas de Dieu, ne vous les rendent ni plus obéissants, ni plus respectueux :

L'esprit de famille, l'autorité des parents, n'ont jamais été plus méconnus !

Ceux qui enseignent à vos enfants qu'il n'y a pas de Dieu, ne vous les rendent ni plus intelligents ni plus raisonnables :

Il n'y a jamais eu tant de fous internés dans les hôpitaux !

En 1875, il y eut 42,000 fous internés ; en 1904, il y en avait 70,000.

Ceux qui enseignent à vos enfants qu'il n'y a pas de Dieu, ne vous les rendent pas plus honnêtes :

Il n'y a jamais eu tant de crimes d'enfants !

En 1841, il y eut 13,000 condamnations de jeunes gens ; en 1906, il y en avait 36,000.

Ceux qui enseignent à vos enfants qu'il n'y a pas de Dieu, ne vous les rendent pas plus heureux :

Il n'y a jamais eu tant de suicides, et surtout de suicides d'enfants !

En 1875, il y eut 5,000 suicides ; en 1904, il y en avait 9,000.

C'est l'école contre Dieu qui fait les insoumis, les voleurs, les assassins, les débauchés, les apaches de toutes sortes !

CHAPITRE V

Devoirs des pères de famille.

Nous venons de constater les résultats désastreux de l'enseignement officiel, de cet enseignement que reçoit aujourd'hui la grande majorité des enfants de France et que, dans un avenir prochain, on se propose d'imposer à tous, sans exception. En présence d'une telle situation, que doivent faire, non seulement ceux qui ont charge d'âmes, mais encore ceux qui ont quelque souci de l'avenir de notre pays?

Doivent-ils se contenter de gémir? Doivent-ils répéter ces paroles, entendues, hélas! en maintes circonstances : « Il n'y a rien à faire »? Une telle conduite serait indigne à la fois du chrétien et du Français. Le chrétien aidé de la grâce peut tout entreprendre, et il a le droit d'espérer le succès ; quant au Français, il y a longtemps qu'on l'a dit, le mot « impossible » lui est inconnu.

Ce qu'il y a à faire : nous allons le montrer. Que tous les parents chrétiens soient à la hauteur de leur mission, qu'ils s'unissent et qu'ils se laissent guider par ceux qui sont chargés de leur indiquer le chemin de la justice et du devoir ; et un jour viendra où la France régénérée reprendra fièrement son titre de Fille aînée de l'Église et marchera, comme autrefois, à la tête des nations.

Après avoir exposé le péril que fait courir au pays l'éducation actuelle des enfants, Mgr Gouraud, évêque de Vannes, prononçait ces paroles :

Le mal ne peut être combattu que par ceux qui en seront les victimes, c'est-à-dire par les pères et mères de famille.

Il serait superflu d'insister sur la désorganisation de la famille : elle résulte surtout de l'enseignement officiel, chacun peut le constater ; mais ce que l'on ignore ou que l'on oublie trop, c'est que la famille a sa part de responsabilité dans l'état actuel des choses. L'école laïque n'aurait pas exercé une si néfaste influence, si le père, conscient de ses droits et de ses devoirs, avait surveillé l'enseignement de l'instituteur.

Cette pensée est développée dans la réponse que fait le R. P. Suau à l'enquête sur « l'Avenir de nos enfants ».

Et il parle en connaissance de cause ; car il est loin d'être étranger à l'enseignement. Nous extrayons de sa lettre le passage suivant :

Si mauvaise que soit l'école actuelle, et précisément parce que la masse y doit aller, elle serait impuissante à démoraliser et à athéiser l'enfant, si celui-ci portait de son foyer une conscience chrétienne, résolue à rester telle ; si, en dépit des lois et des règlements, les pères et les mères relevaient, signalaient et condamnaient toute atteinte portée à la foi de leurs enfants, exigeaient qu'elle soit respectée, et s'ils tiraient de la situation une occasion d'apprendre à leurs fils et à leurs filles à avoir du caractère et de la force d'âme. Mais ceci suppose, dans la famille, de la sincérité et du courage. Si la famille française en manque, notre organisme est perdu.

M. Lecigne, professeur de littérature française aux Facultés catholiques de Lille, prouve que, si les parents sont tenus d'apporter leur concours aux maîtres pour la formation morale de leurs enfants, ils sont également obligés de s'unir pour opposer une résistance efficace à tout enseignement pernicieux.

Qu'on sache bien que l'école ne peut tout faire. L'école primaire ne peut tout détruire tant qu'il y aura des pères et des mères conscients de leurs devoirs, conscients de leurs droits, prêts à tout pour accomplir leurs devoirs et pour faire respecter leurs droits. Des ligues! des associations! des groupements! Quoique le mot semble paradoxal, en démocratie l'individu ne peut rien; qu'il se fasse légion, qu'il cherche et qu'il prenne autour de lui toutes les mains fraternelles qui se tendent vers la sienne, tremblantes de la même angoisse. Et il sera fort, et ce n'est pas la férule huguenote de M. Doumergue qui pourra rompre ce formidable faisceau.

L'école ne peut tout non plus pour assurer l'avenir intellectuel et moral de la jeunesse. Si le maître ne trouve pas au foyer des collaborateurs de tous les jours et de tout le jour, il travaille en vain. *Vestra res agitur!* disions-nous autrefois à la dernière ligne de nos discours latins. Dans le français de la presse, on pourrait traduire : « C'est votre affaire ! » et dédier le mot aux bons rentiers qui nous confient leurs fils comme ils confient leurs capitaux à des banques de tout repos...

M. Contestin, collaborateur du journal l'*Univers,* montre que les parents chrétiens ont le devoir de surveiller l'enseignement que leurs enfants reçoivent à l'école :

Il est toujours bon de former ces projets ; dans la pratique, ils sont pour l'ordinaire d'une exécution difficile. On les réalise cependant quelquefois. Même pour ce cas exceptionnel, dans une maison de bonne tenue chrétienne, avec l'exemple des parents et leur surveillance incessante, avec l'enseignement de la religion au catéchisme, la sauvegarde d'un patronage pour le dimanche et les jours de congé, la fréquentation de l'école laïque constitue un danger sur lequel il n'est pas permis aux parents de fermer les yeux.

Leur vigilance est incomplète si elle ne s'exerce pas aussi dans l'école. Il est du devoir d'un père de surveiller l'enseignement qui est donné à ses enfants, d'imposer ses observations et son blâme dans le cas où la tendance en serait mauvaise, de protester individuellement, d'unir sa protestation à celle des autres pères de famille, lorsque la parole du professeur, devenant plus audacieuse, s'en prend à la religion, à la morale, aux droits de la patrie et de la société.

M. Chocquel, répondant à l'enquête de la *Croix,* rappelle également aux pères de famille le devoir que leur imposent les événements :

Or, le mal qui ronge à l'heure actuelle, c'est l'athéisme ; et l'athéisme s'enseigne à l'école soi-disant *neutre.* Le remède est donc tout indiqué : à l'idéal impie, répondons par notre idéal chrétien ; à l'enseignement sans Dieu, opposons l'école chrétienne.

Que là où les ressources ne permettent pas la création ou l'entretien d'une école libre il y ait au moins, se dressant, résolue, en face de l'instituteur gouvernemental, *une association de pères de famille* légalement constituée. Je sais bien qu'un projet de loi, substituant la responsabilité de l'État à celle de l'instituteur, vient d'être soumis à la Chambre. Qu'importe! Rien ne pourrait arrêter les pères de famille dans leurs justes revendications : il s'agit d'une chose trop importante : l'âme de nos enfants.

Et pour cette œuvre à accomplir, cette œuvre d'assainissement de l'école, c'est sur vous seuls qu'il faut compter, parents chrétiens. C'est à vous qu'il appartient de faire respecter la neutralité ; car, vous seuls, chacun pour son propre compte, y êtes intéressés.

8

Et pour être vraiment forts, vous n'ignorez pas la qualité indispensable : l'union. L'homme isolé ne peut rien, mais il trouve dans l'union une force inconnue. Qu'un seul père de famille attaque un instituteur : il n'ira pas loin. Au contraire, que 10, que 20, que 50 pères de famille le suivent, résolus, et l'on verra si l'instituteur, même réfugié sous l'aile protectrice du Gouvernement, ne tremblera pas.

Oui, de l'entente et de l'union. N'est-ce pas à son admirable union que l'Église doit d'avoir conservé à travers les âges, malgré les assauts et les révolutions, l'intégrité de sa doctrine et de sa morale ?

Nous nous reprocherions de ne point citer aussi le touchant appel que Mme la comtesse de La Rochefoucauld adresse aux mères chrétiennes :

Mères chrétiennes, mes chères lectrices, c'est encore un nouvel et bien pressant appel que je viens vous adresser au moment où les vacances vont finir et où vos enfants vont reprendre le cours de leurs études. Beaucoup d'entre vous sont forcées de les envoyer dans les écoles laïques, n'en ayant pas d'autres à leur disposition. Si beaucoup d'instituteurs et d'institutrices comprennent encore leur devoir strict, qui est de respecter les croyances des enfants qui leur sont confiés, d'autres, hélas ! n'ont qu'une idée, c'est d'arracher l'idée de Dieu de toutes ces jeunes âmes. Le mal est si grand, que non seulement on ne veut plus que les enfants apprennent l'existence de Dieu ou prononcent même son nom, mais on s'attaque aussi à l'idée de patrie ; on cherche à mettre dans la tête de ces chers petits des idées d'un internationalisme révoltant. Il existe des maîtres, pour lesquels cette idée, que tout Français doit aimer sa patrie et donner son sang pour sa défense, fait partie de ces vieilles chansons qui n'ont plus cours aujourd'hui et sont à peine bonnes pour des peuples sauvages. Avec de pareils et aussi monstrueux principes, que peuvent devenir dans la vie de malheureux enfants ? Ils me font l'effet de voyageurs que l'on embarquerait pour un long voyage avec des poisons comme provisions de bouche et des fusils sans munition pour se défendre en cas d'attaque. Nous ne sommes plus au temps des hésitations et des tergiversations ; il s'agit pour vous, mères chrétiennes, de choisir entre deux solutions.

Voulez-vous que vos enfants ne croient ni à Dieu, ni à la Patrie, et ne prennent, par conséquent, dans l'avenir, que leurs passions pour guides ? Ou voulez-vous les voir élevés dans l'amour de Dieu, dans le culte du Drapeau, dans les sentiments nobles et élevés ? Il n'y a pas à sortir de ce dilemme, c'est l'un ou l'autre ; à vous de choisir. Vous êtes, pères et mères de famille, les maîtres absolus de vos enfants, ils sont à vous, vous appartiennent, aucune loi humaine n'y pourra rien changer. Il semble parfois que vous ayez l'air de douter de vos droits incontestables cependant sur vos enfants et sur l'orientation que vous entendez donner à leur vie religieuse et à leur vie morale. Si la volonté de certains parents, au courant des doctrines apprises à leurs enfants à l'école laïque, savait se manifester, que de mal on éviterait, que de livres antireligieux et immoraux iraient allumer le feu de vos cuisines, seul usage auxquels ils soient vraiment utiles ! Si le père, qu'un emploi peut-être plus en vue oblige à ne pas manifester ostensiblement ses sentiments, n'ose pas protester, quel beau rôle pour la mère chrétienne ! Qu'elle sache faire elle-même la besogne et arracher des mains de son enfant les livres qui flétriront tout bon sentiment dans son cœur. Mais, hélas ! bien souvent, la peur, l'affreuse peur, la peur si lâche du qu'en dira-t-on arrête la protestation sur les lèvres. Un esprit fort du pays, l'instituteur lui-même, menace des foudres gouvernementales ; tous les moyens sont bons pour museler les volontés vacillantes, pour faire croire que si on n'accepte pas les livres scolaires, si on envoie son enfant au patronage catholique, ce sera sinon la prison, du moins le renvoi de l'enfant de l'école, le procès avec tout son attirail si redouté.

En ce qui concerne les patronages catholiques, c'est contre toute légalité et tout droit que des instituteurs osent s'immiscer dans ce que fait l'enfant en dehors de l'école. S'il en était ainsi, n'hésitez pas à écrire à M. Gurnaud, 51, rue de Lévis, à Paris, l'instigateur des associations de pères de famille. Il vous donnera tous les renseignements possibles sur les droits que vous avez de poursuivre des hommes qui se prévalent ainsi de pouvoirs qu'ils n'ont pas.

En vérité, pères et mères de famille, cela est bon pour des moutons de se laisser conduire bêtement, sans savoir où l'on va, sans oser s'avancer de quelques pas, à droite où à gauche, sans oser lever les yeux sur les chiens hargneux qui d'un coup de dent font rentrer dans ce qu'ils appellent le droit chemin, le mouton qui s'en est écarté de quelques mètres !

Une autre mère, Mme Pierre Froment, publiait dernièrement, dans l'*Univers*, une étude sur la situation actuelle. Montrant l'enfant, l'avenir de la patrie et de la race, elle prouve que le droit de l'élever appartient à la famille. Ce droit lui étant contesté, elle doit le reconquérir, et les femmes catholiques, les mères, ont leur part dans cette tâche. Mais que pourront-elles faire? Parlant d'un projet de pétitionnement préconisé par quelques-unes, Mme Pierre Froment en montre le peu d'effet pratique et termine ainsi :

Il nous semble qu'en l'occurrence une autre forme d'action se présente. Qu'aux associations de pères de famille se joigne un comité, une section, si l'on veut, de mères de famille. Ces mères prendront un double engagement :

1º De surveiller attentivement les livres scolaires mis aux mains de leurs enfants ; 2º de consacrer, le jeudi ou le dimanche, une heure à leur expliquer le catéchisme et à leur lire l'Évangile.

Cela vous gênera, mères de France, car vous délaisserez, pour vos enfants, quelques plaisirs mondains ; car, pour eux, vous oublierez le travail et les soucis de la vie. Qu'importe! ils valent ce sacrifice et beaucoup d'autres encore.

Vous les vêtissez avec joie, vous soignez leur corps quand il souffre ; l'âme de nos enfants est plus que le vêtement, plus que le corps qu'elle anime, et c'est à elles, aux âmes fraîches des enfants, que Jésus, dans sa crèche, tend câlinement ses petites mains.

Mais, toutes ces voix, si éloquentes soient-elles, sont dominées par la grande voix de l'Épiscopat français ; dans leur admirable lettre aux pères de famille, nos évêques les pressent de s'unir plus que jamais pour protéger l'âme des enfants contre l'enseignement athée de certains instituteurs. Cette déclaration solennelle est connue de tous ; qu'on nous permette cependant d'en rappeler la conclusion :

Pères de famille, nous, devions vous mettre sous les yeux ce douloureux état de choses. En suite de quoi nous voulons vous rappeler encore en quelques mots vos droits et vos devoirs. Tout d'abord, contrairement à la doctrine césarienne qui prétend que l'enseignement public est donné exclusivement au nom de l'État, nous vous disons; nous, vos évêques, qu'il l'est, qu'il doit l'être principalement au vôtre. L'élève, l'enfant ne commence pas par appartenir à l'État. Il est à vous. Quand il aura grandi, lorsqu'il aura pris son essor de citoyen, l'État alors lui demandera directement sa part de contribution au service du bien social. Mais, aussi longtemps qu'il n'est qu'un enfant, c'est de la famille qu'il relève avant tout. Celle-ci en l'élevant continue de le mettre au monde. Que dans votre tâche d'éducateurs naturels l'État s'offre à vous aider, qu'il vous supplée au besoin, soit. Mais qu'il ne pense jamais à vous supplanter. Qu'il ouvre des écoles, qu'il rédige des programmes, qu'il indique quelles connaissances au jugement des gens compétents doivent être, comme il dit, le viatique intellectuel nécessaire à la mise en valeur de la personne humaine. Nous l'acceptons.

Loin de nous de songer à lui contester le rôle qui est le sien, de diriger l'enseignement de manière à pourvoir soit aux besoins généraux de la société, soit à la plus grande utilité de ses membres. Ce que nous demandons, c'est qu'en toutes les formes de ses initiatives et de ses concours il ne perde jamais de vue le droit primordial de la famille. L'État peut faire des maîtres d'école qui enseignent l'écriture, le calcul, l'histoire, la géographie, les sciences. Quant au maître de l'école, en ce qui concerne la formation morale de l'enfant, c'est Dieu qui le fait ; et vous l'êtes, vous, pères de famille, par Celui qui vous a faits pères. Là encore que l'État vous aide, qu'il vous fasse aider ; qu'il n'ose pas se substituer.

La sainte Église est le grand arbitre d'institution divine, vous le savez, pères de famille chrétiens. A partir du baptême auquel vous les avez librement présentés, vos enfants sont les seuls fils spirituels, et, en qualité de Mère, elle réclame le droit de vous aider, elle aussi, à les élever. Mais ici ce n'est pas lieu d'insister sur son rôle et sur ses droits devant la situation du fait qui existe. Elle se borne à vous rappeler, par notre organe, que si l'école officielle ne sait que faiblement aider, du moins il lui est interdit d'entraver l'œuvre de formation dans la foi et les mœurs ; et, puisque l'œuvre de l'école s'accomplit premièrement en votre nom, par une délégation d'où vous n'êtes jamais absents, votre droit de la surveiller est absolu.

Ajoutons que, vu les circonstances où nous sommes jetés, si vous avez la possibilité, pour faire élever vos enfants, de choisir entre plusieurs écoles, la conscience vous fait un devoir de préférer celle qui donnera le plus de garanties au respect de tous vos droits. En toute hypothèse, vous surveillerez l'école publique, employant d'abord tous les moyens légaux pour la maintenir dans l'observation de ce que, à défaut d'une expression meilleure, nous appellerons l'honnête neutralité. Que si, ce qu'à Dieu ne plaise, elle s'obstinait à être un péril pour la foi de vos enfants, vous devriez, nous ne cesserons de vous le rappeler et de vous y soutenir, vous devriez leur en interdire l'accès au prix des suites quelconques pouvant résulter de l'acte de conscience que vous auriez ainsi commis en bons Français et en bons chrétiens.

Nous, vos évêques, nous ne vous tenons tous ce langage que par l'inspiration du double indivisible amour que nous éprouvons pour les âmes et pour notre pays. Pères de famille, comptez sur nous de même que vos évêques comptent sur vous.

La démoralisation de la France par l'école, voilà le grand péril du moment ; aussi le devoir de chacun est-il tracé ; il n'est plus permis d'hésiter ; il faut que tout chrétien, que tout père de famille se mette à l'œuvre ; il faut que partout s'établissent ces associations qui ont pour but de sauvegarder la neutralité de l'école.

Du reste, cette œuvre fait son chemin. Pour ne citer que le seul département de l'Isère, 27 cantons de ce département sur 40 ont déjà leur association de pères de famille.

Afin d'aider les personnes désireuses de fonder une de ces associations, l'*Action populaire* publiait dernièrement un traité dont nous extrayons les questions suivantes :

Qu'est-ce qu'une Association de chefs de famille ?

C'est un groupement communal ou cantonal de personnes ayant *qualité* pour intervenir auprès des instituteurs et des institutrices laïques et, s'il en est besoin, pour exiger d'eux que leur enseignement soit irréprochable au double point de vue du patriotisme et de la neutralité.

Quelle idée a présidé à la formation des associations, de chefs de famille ?

La suivante : l'instituteur agit trop souvent comme s'il se croyait chargé, sans contrôle et sans appel, de l'éducation des enfants qui lui sont confiés. Il violé ouvertement l'esprit et la lettre des lois, débats et décrets sur l'enseignement public, et il tend à détruire tout un fonds d'opinions et de croyances commun à la plupart des Français. L'État, qui devrait surveiller, contrôler, sévir, tolère, et quelquefois favorise cette propagande. Le père de famille, lui, n'ose pas où ne peut pas faire seul, de son propre mouvement, le geste qui en imposerait à l'instituteur.

Ce geste, l'Association des pères de famille le fera, d'abord, parce qu'elle en a le droit et le devoir ; ensuite, parce qu'elle s'en sentira la force.

Quelles personnes peut grouper l'Association ?

Les pères de famille (son nom l'indique) et aussi les mères de famille, mariées ou veuves, dont les enfants sont à l'école laïque ; les tuteurs ou tutrices, et plus généralement tous ceux qui légalement ont un droit sur l'enfant. A strictement parler, ils ont seuls qualité pour rappeler l'instituteur à son devoir. Aux parents pourront néanmoins se joindre quelques membres honoraires ou actifs, s'ils apportent à l'Association le bénéfice d'une autorité reconnue ou de services évidents. Le Bureau de l'Association, plus spécialement chargé de la représenter, devra comprendre en majorité des parents.

Qui peut fonder l'Association ?

Tout homme, toute femme de bonne volonté. Leur œuvre faite, ils verront si leur concours public est de nature à servir ou à compromettre ses intérêts, s'il est opportun qu'ils en restent membres ou préférable qu'ils collaborent plus discrètement à son œuvre. En ceci comme en tout, la prudence est un facteur essentiel de succès.

Quelle ligne de conduite doit s'imposer l'Association ?

Elle a deux écueils à éviter : elle ne doit pas faire de politique ; elle ne doit pas, cédant à des préoccupations confessionnelles, imposer à l'instituteur autre chose que le strict respect de la loi qui exige un enseignement *neutre* et *patriote*.

L'Association fondée, que fera-t-elle ?

Le premier soin du Bureau sera de faire une démarche *amicale* auprès des maîtres ou maîtresses d'école. Ce serait une très grande faute que l'Association se posât en *adversaire* des instituteurs, quels qu'aient été leurs torts. Elle doit, au contraire, se présenter à eux comme une *auxiliaire*. Elle est en quelque sorte la famille fortifiée, reprenant avec la conscience de ses droits d'*éducatrice* la force de jouer son rôle naturel auprès de l'instituteur chargé surtout d'enseigner.

Si l'instituteur persiste dans son attitude ou dans ses propos, que fera l'Association ?

Elle se livrera, par l'intermédiaire de son Bureau, de son Président ou d'une Commission spécialement nommée, à une enquête minutieuse sur les faits qui seront parvenus à sa connaissance, en s'entourant de toutes les précautions requises, de toutes les garanties nécessaires en cette matière délicate. L'infraction dûment relevée, elle en saisira l'Inspecteur d'Académie, puis, si satisfaction ne lui est pas donnée, le Conseil académique et, enfin, en dernier ressort, le Ministre de l'Instruction publique. (Il peut être utile de présenter la réclamation au Conseil municipal et au Conseil général.) Si, en définitive, aucune sanction n'était obtenue, il resterait à l'Association de saisir de la question l'opinion publique par les voies habituelles : conférences, journaux, etc.

Faut-il fonder partout des Associations ?

L'essentiel est que l'instituteur resté bon n'en prenne pas ombrage. En général, il se félicitera d'une initiative qui ramènera l'ordre, la discipline et la dignité dans le corps enseignant. Et puis, là où l'instituteur est bon aujourd'hui, il peut être *mauvais* demain ; mieux vaut prévenir que guérir. D'ailleurs, si l'association est *cantonale* (c'est la forme que nous préférons), elle s'imposera également à tous. Enfin, il est inadmissible que, dans quelque commune que ce soit, les parents continuent à paraître se désintéresser de l'éducation de leurs enfants. Une collaboration étroite et constante des parents et de l'instituteur s'impose ; l'Association des chefs de famille doit la réaliser partout.

Il importe de le répéter : cette œuvre des associations de chefs de famille n'est ni une *œuvre hostile* ni une *œuvre illégale. Ce n'est pas une œuvre hostile :* elle ne prêche la guerre ni contre les institutions ni contre les lois scolaires. Sans reconnaître le principe de la neutralité entre les confessions religieuses, principe qui est une offense pour la foi, elle en accepte l'application.

Ce n'est pas une œuvre illégale. Elle réclame, au contraire, le respect de la loi existante ; elle demande aux instituteurs de s'enfermer dans cette neutralité que leur a imposée le législateur. Quiconque observe cela est avec nous, quiconque le viole est contre nous.

On se fera une idée de la puissance de ces associations par la terreur qu'elles inspirent aux défenseurs de l'enseignement officiel. Afin d'en empêcher l'action, M. Doumergue, ministre de l'Instruction publique, répondant aux désirs exprimés par ses amis, déposait en juillet dernier, sur le Bureau de la Chambre, deux projets de loi.

Nous trouvons un autre aveu de la force de ces associations dans la lettre adressée par M. Dessoye, président de la Ligue de l'Enseignement, à tous les instituteurs de France : il les engage à ouvrir une enquête pour la défense de l'enseignement laïque. Une phrase de cette lettre mérite tout particulièrement d'être méditée : elle est de nature à nous encourager.

L'École laïque, si l'esprit laïque n'opposait à ces tentatives une résistance énergique, ne serait bientôt plus, en certaines régions, qu'une réédition sans force, sans âme, sans vie, de l'École congréganiste.

Où donc serait le mal ?... Cependant, quoi qu'en dise M. Dessoye, l'attitude nouvelle des pères de famille n'est pas inspirée par la haine de l'école laïque ni par un esprit de dénigrement systématique à l'égard du personnel enseignant. Au contraire, ceux qui font partie de ces associations veulent concilier les devoirs de leur conscience et leurs devoirs envers les instituteurs. Nous en avons une preuve entre mille dans cette pétition des pères de famille d'une petite commune des Ardennes.

Nous soussignés, pères et mères ou chefs de famille, voulons que nos enfants soient instruits et fréquentent assidûment l'école, et voulons qu'il soit accordé aux maîtres et maîtresses tout le respect qu'ils méritent.

Mais on nous permettra de demander, en retour, que rien ne soit fait qui puisse mettre obstacle à leur éducation religieuse et patriotique.

En particulier, nous demandons :

1° Qu'il ne soit pas distribué à nos enfants des livres où le nom de Dieu soit barré à l'encre, comme il l'est dans un livre de lecture où ce nom a été raturé dans toutes les phrases où il se trouvait. Le nom de « Dieu » n'a rien qui puisse blesser nos enfants, et nous estimons, au contraire, qu'une pareille rature ne peut que les mal impressionner ;

2° Que nos enfants ne soient pas empêchés de fréquenter les offices et catéchismes aux heures où ils se font.

Nous donnons tous pouvoirs à ceux qui seront désignés pour, en notre nom, transmettre respectueusement, à qui de droit, en vue de procurer l'instruction et la bonne éducation de nos enfants.

(SIGNATURES.)

Cette protestation, à la fois si ferme et si courtoise, donne une idée exacte de l'esprit qui anime les associations de pères de famille et du but qu'elles poursuivent. Ce but, le *Petit Écho de la L. P. d. F.* l'exprime admirablement dans un article publié le 1ᵉʳ août, sous ce titre : « Défendons nos enfants ! »

Longtemps, les instituteurs s'étaient contentés d'être de braves gens chargés d'enseigner aux enfants du peuple les éléments indispensables du français et du calcul, mais un jour vint où la Franc-Maçonnerie, après s'être attaquée à toutes nos grandeurs dans le but de les ravaler à son niveau, mit aussi sa patte hideuse sur l'école. Et l'on vit alors le saint nom de Dieu bafoué, la religion insultée, les crucifix arrachés des murs des classes et les croix du cou des élèves, la Patrie honnie, le drapeau ridiculisé ; le devoir, le bien, furent appelés des chimères, et, dans les manuels scolaires, l'histoire de la vieille France fut odieusement travestie.

Fallait-il donc que les parents chrétiens consentissent

à laisser empoisonner, dans ces écoles, ce qu'ils ont de plus cher au monde, l'âme de leurs enfants, de ces petits que Dieu leur a confiés pour les conduire à Lui ? Fallait-il qu'ils laissassent leurs cœurs et leurs intelligences se corrompre, leur foi religieuse et leurs sentiments patriotiques se perdre ? Non ! mille fois non ! Et les « *Associations des Pères de Famille* » se formèrent LÉGALEMENT.

** **

Elles auraient pu n'être qu'un instrument de paix, une sorte de contrôle tel que l'avait prévu la loi de 1882, qui promettait la NEUTRALITÉ de l'école, une entente avec l'instituteur pour le bien des enfants, mais elle dut être une machine de guerre, et, dans divers endroits, elle fut contrainte à dénoncer au pays et à traîner devant les juges les instituteurs qui avaient méprisé « le patriotisme et la neutralité ».

L'affaire Morizot, à Viévigne (Côte-d'Or), est encore toute récente, et chacun sait comme quoi l'instituteur indigne, ayant tenu devant ses élèves, dans sa classe, des propos grossièrement antireligieux, obscènes et antipatriotiques, fut traduit devant les tribunaux par un père de famille et condamné par la Cour de Dijon à une réparation civile.

La victoire resta donc au père dont les droits étaient *légalement, juridiquement* proclamés, — et en même temps l'importance des Associations des Pères de Famille était démontrée d'une manière irrécusable.

Mais alors, quelles clameurs ne poussèrent pas les Loges et toutes les feuilles radicales, socialistes et radicales-socialistes ! Quoi ! les catholiques se défendent ! Ils ne se contentent plus de gémir ! Ils prétendent que leurs enfants leur appartiennent avant d'appartenir à l'État !

Et aussitôt, sur un signe de la Franc-Maçonnerie, le Ministre, son humble esclave, élaborait un projet de loi qui lui donnât satisfaction. Ce projet substitue la responsabilité de l'État à celle de l'instituteur et donne aux inspecteurs d'Académie, en ce qui concerne les matières obligatoires d'enseignement, le droit de poursuivre devant le juge de paix les parents *qui refuseraient l'usage de certains livres de classe.*

C'est donc un combat qui s'engage entre les pères de famille qui exigent de l'instituteur public le respect de la neutralité prescrite par la loi et le trop grand nombre des instituteurs décidés, au contraire, à la fouler aux pieds, avec la complicité de l'État.

Le Gouvernement, comprenant la gravité de ce conflit, s'est hâté d'intervenir. Deux projets de loi ont été déposés par lui. Franc expose ainsi ces projets dans la *Croix*.

Le premier projet va jusqu'à menacer de poursuites — qui, pour ne pas aboutir à de bien graves sanctions, n'en sont pas moins un très grave attentat — les pères de famille qui auront prétendu faire respecter la liberté de conscience et le patriotisme de leurs enfants. On en connaît le texte :

PROJET DE LOI

ARTICLE UNIQUE. — Sur la plainte adressée par l'inspecteur primaire au juge de paix, les peines prévues par l'article 14 de la loi du 28 mars 1882 seront appliquées au père ou au tuteur ou à la personne responsable qui sera convaincue d'avoir empêché l'enfant inscrit à une école publique d'y recevoir l'enseignement sur tout ou partie des matières déclarées obligatoires, en vertu de l'article 1er de ladite loi, ou de faire usage en classe de livres régulièrement inscrits sur la liste départementale.

Sera punie des mêmes peines toute personne qui aura

commis l'infraction qui précède, soit en prononçant un discours, soit en affichant ou distribuant un écrit contenant une provocation directe à commettre l'infraction prévue ci-dessus.

Le deuxième projet tend à substituer la responsabilité de l'État à la responsabilité personnelle des instituteurs qui auront, comme Morizot, tenu aux enfants les propos inqualifiables condamnés par la Cour de Dijon. Rappelons-en aussi le texte :

PROPOSITION DE LOI

ARTICLE UNIQUE. — L'article 30 de la loi du 30 octobre 1886 sur l'enseignement primaire est modifié comme suit :

« ART. 30, § 1er. — Les articles 1382, 1383 et 1384 du Code civil ne sont pas applicables aux fonctionnaires de l'enseignement primaire public à l'occasion de l'application, du développement ou de l'interprétation des programmes, méthodes et règlements édictés par le Conseil supérieur de l'Instruction publique, dans l'exercice de leurs fonctions, ces fonctionnaires relevant exclusivement, en la matière, des tribunaux universitaires institués par la présente loi.

« § 2. — Les peines disciplinaires applicables au personnel de l'enseignement primaire public sont : 1° la réprimande ; 2° la censure ; 3° la révocation ; 4° l'interdiction pour un temps dont la durée ne pourra excéder cinq années ; 5° l'interdiction absolue. »

De ces deux projets, le premier a pour objet d'empêcher par la menace les pères de famille de s'occuper de l'enseignement donné à leurs enfants, le second a pour but, par la peur, d'avoir affaire à l'État, de les empêcher d'intenter des actions à l'occasion des actes des instituteurs.

L'éminent écrivain nous donne ensuite un aperçu du mouvement d'organisation des catholiques, mouvement qui, depuis la Séparation, se communique par toute la France ; puis il ajoute :

Et c'est sur tous ces points, en effet, que le zèle s'est déployé. Mais par un phénomène qu'il suffit de constater, l'œuvre qui a le plus immédiatement et le plus généralement pris son développement est la création d'associations de pères de famille, soit pour établir et soutenir des écoles libres, soit pour surveiller l'école officielle.

Les abus dont le procès Morizot et ceux de l'hervéisme ont été la manifestation étaient tellement graves, les pères de famille même indifférents sentent tellement en leur âme une responsabilité profonde vis-à-vis de leurs enfants, l'amour paternel enfin est un sentiment resté tellement généreux même dans notre siècle de veulerie, que le mouvement de protection de la neutralité a pris aussitôt une magnifique extension et qu'il a été comme la dominante des premiers efforts d'organisation des catholiques.

Il y a là un fait capital, gros de conséquences, et qu'il importe de souligner fortement.

C'est aujourd'hui la question du premier plan.

Et c'est ce qui effraye le Gouvernement.

Il recule devant la perspective du monopole absolu de l'enseignement qui révolterait l'opinion et ouvrirait l'ère de la tyrannie sans frein et de la paresse sans remède pour la plupart des pédagogues.

Mais sans aller jusqu'au monopole, il avait espéré pétrir à sa guise, dans les écoles officielles rendues de plus en plus prépondérantes par une série de mesures habiles, les cerveaux des jeunes générations.

Sous le couvert de la prétendue neutralité légale, il espérait détruire peu à peu toute conscience religieuse. Il estime en fait avec M. Payot « qu'il est impossible à un esprit affranchi de prononcer un mot qui soit vraiment neutre ». Il prétend avec un membre du haut enseignement dans la Haute-Garonne, cité par la *Petite République* en une scandaleuse interview, que « l'école enseigne « les vérités acquises, et que ces vérités sont la condam-« nation de la plupart de certaines croyances confession-« nelles », lisez : du catholicisme.

Bref, sous le couvert de la neutralité légale, on veut détruire la foi des enfants.

Or, malgré tout, l'immense majorité des pères de famille en France fait baptiser ses enfants, leur fait faire la première communion, et, sans leur donner souvent le bon exemple personnel, veut qu'on respecte leur conscience.

Voilà le duel : il sera terrible, car il porte sur une question vitale.

Il ne nous déplaît pas du reste de voir la lutte s'engager sur ce terrain. C'est celui de la conscience paternelle : il est bon.

Sans se laisser arrêter par les menaces, il importe donc de constituer ou fortifier partout les associations de pères de famille.

Et si, en terminant, il nous est permis d'émettre un avis personnel, nous ajouterons qu'il nous paraît important de constituer, outre les Comités paroissiaux, ou à leur défaut, des Comités cantonaux. Il y a espoir de trouver dans un canton les hommes capables de la forte lutte qui sera sans doute nécessaire. Dans l'action cantonale, d'autre part, disparaissent les petites faiblesses locales qui n'ont pas place ici, puisque c'est de toutes les questions la plus grave et la plus capitale qui se pose partout, celle de la liberté de conscience des pères de famille et de leurs enfants.

Ces projets de loi soulevèrent, dès qu'ils furent connus, des protestations indignées. Dans une lettre ouverte au ministre de l'Instruction publique, Mgr Turinaz, évêque de Nancy, prouve que ces projets sont :

1° La suppression absolue et officielle de la loi de neutralité ;

2° La condamnation de l'enseignement laïque ;

3° La négation de l'autorité du Tribunal des conflits et de la magistrature française ;

4° La négation du droit des pères de famille sur leurs enfants.

Et l'illustre évêque ajoute : « Le peuple qui supporterait une pareille tyrannie ne serait plus le peuple de France. »

Un autre évêque, Mgr Henry, prononçait en juillet dernier ces énergiques paroles :

Je précise notre œuvre. Elle n'est pas une œuvre de lutte et de révolte. Elle est placée sur le terrain constitutionnel et légal. Nous n'attaquons pas la République ; nous nous inclinons devant un régime qu'on est libre d'aimer ou de ne pas aimer — nous ne nous en occupons pas — nous la servons avec le loyalisme le plus parfait, et ce n'est pas chez nous qu'on rencontrera des révoltés.

Sommes-nous en guerre contre les instituteurs ? J'ai déjà répondu. Et j'ai fait aux instituteurs la part belle. Sur 600 instituteurs que compte le département de l'Isère, il en est, ai-je dit, une cinquantaine contre lesquels nous devons agir de toutes nos forces. Qu'est-ce que cinquante hommes ? Quantité négligeable ! dira-t-on. Non, Messieurs, car ils ont derrière eux le régime, non pas la République, mais les hommes qui prétendent la représenter. Ils sont des ouvriers de dissolution, par ordre des Loges. Nous ne pouvons rien contre eux si nous ne nous coalisons pas. Vous l'avez bien vu par l'exemple de cet instituteur Morizot, qui enseignait aux enfants le mépris de tout ce que nous aimons. Les pères de famille de la Côte-d'Or ont porté plainte contre lui, les tribunaux l'ont condamné ; le ministre l'a absous. Et non content de l'absoudre, il lui a donné de l'avancement.

C'est dans ces conditions qu'on vient nous dire : nous allons faire une loi contre les pères de famille, de telle sorte qu'ils ne pourront plus bouger. Si vous attaquez l'instituteur qui viole la neutralité, vous irez en prison !

En présence de cette situation, en présence des iniquités qui se préparent, nous ne reculerons pas. Je le répète : je payerai ou je ne payerai pas les amendes auxquelles on me condamnera ; j'irai, s'il le faut, en prison. Mais il y aura quelque chose de changé en France le jour où un Évêque aura affronté la prison pour combattre les lois iniques sorties du cerveau de misérables.

Il ne doit pas y avoir ici d'équivoque. Nous n'attaquons pas le régime. Nous servons la République avec loyauté. Mais nous lui demandons de laisser aux pères de famille le droit d'élever les enfants dans les principes qui sont les leurs. Et s'il était démontré que République est synonyme d'athéisme, nous nous souviendrions qu'il y a quelque chose au-dessus des régimes et des ministres qui passent, il y a la France !

Nous pourrions multiplier les citations, mais nous ne voulons pas abuser de l'attention du lecteur.

Avant même que l'Épiscopat français ait fait paraître une protestation collective, la plupart des évêques avaient déjà élevé la voix pour flétrir ce nouvel attentat à la liberté des pères de famille. L'admirable attitude de nos évêques est bien de nature à exciter en nous un légitime sentiment de fierté et de confiance. Pourrions-nous craindre d'être vaincus en suivant de tels pasteurs ?

La presse catholique tout entière a protesté avec

énergie ; et, parmi les journaux qui ne partagent pas les mêmes idées confessionnelles, ceux pour qui la justice et la liberté ne sont pas de vains mots ont témoigné leur désapprobation.

Le *Temps*, qui, certes, n'est pas suspect de partialité cléricale, écrit :

Tout le monde sait quelle est l'origine véritable de cette crise. Elle vient des intempérances de langage d'un certain nombre d'instituteurs qui ont une singulière façon d'entendre l'enseignement civique et la neutralité religieuse. Leurs théories sur le devoir militaire et la patrie, comme les invectives auxquelles ils se livrent non seulement contre les prêtres, mais contre l'idée religieuse elle-même, ont justement alarmé des parents soucieux de voir respecter la conscience de leurs enfants. D'autre part, il a été plus d'une fois établi que les livres mis entre les mains des élèves, avec l'approbation des autorités acadé-miques, contenaient des passages qui ne s'inspiraient pas toujours bien strictement, surtout en matière confession-nelle, des règles de neutralité dont le législateur a voulu assurer la prédominance dans l'enseignement laïque et obligatoire.

A la suite des évêques, les écrivains et les orateurs catholiques ne pouvaient manquer de faire entendre d'énergiques protestations.

Nous extrayons d'un discours de M. de Mun les lignes suivantes :

Vous pensez peut-être que le ministre de l'Instruction publique va rappeler ses amis à la pudeur, et flétrir l'ins-tituteur de la Côte-d'Or coupable d'avoir blasphémé Dieu et insulté l'armée.

Oh ! pas du tout. Non seulement M. Morizot reste en fonctions, déplacé seulement, et pour un poste meilleur, mais c'est une victime. Lui et tous ses pareils, M. le Ministre les défendra : car ils sont « menacés par le curé, menacés par le seigneur », et il ne s'agit pas de les contraindre au respect de la religion et de la patrie ; il s'agit de les protéger contre les pères de famille assez osés pour se plaindre de leurs provocations. On prendra pour cela « les mesures nécessaires ».

Elles tiennent en un seul article : Quiconque aura retiré des mains de son enfant un livre de classe outrageant pour ses croyances, ou l'aura empêché d'assister à la leçon du maître qui les insulte ; quiconque aura, par un discours ou par un écrit, encouragé les parents à cette juste résistance, sera puni d'amende et de prison.

Ce sera le commencement : après cela, si les parents veulent tout de même prouver qu'ils avaient raison, ce n'est plus à l'instituteur qu'ils devront s'en prendre, c'est à l'État, à l'État impersonnel, mystérieux et puissant anonyme, aussi irresponsable que les monarques les plus absolus. Un nouveau projet de loi offre aux pères de famille cette amère justice. Jamais la tyrannie pédagogique ne s'était aussi brutalement affirmée.

M. l'abbé Gayraud, député du Finistère, adressait au Président de la Commission de l'enseignement, après le dépôt des projets Doumergue, une lettre où il exprimait les sentiments de la majorité des catholiques en présence de la situation actuelle. Voici un passage de cette lettre :

Qu'allez-vous faire maintenant ? On vous propose une loi destinée à punir les catholiques qui rempliront le devoir de conscience résultant pour eux des condamnations doctrinales portées par l'Église. Cette loi, en effet, permettra de frapper d'une peine tous ceux qui *seront convaincus d'avoir empêché un enfant inscrit à l'école publique de faire usage en classe de livres régulièrement inscrits sur*

9

la liste départementale. Or, rien ne nous garantit que ces listes ne contiendront jamais des livres régulièrement et justement mis à l'*Index* de l'Église. Ce sera le conflit voulu avec la conscience des catholiques.

Qu'adviendra-t-il à ce moment ? Poursuivrez-vous les évêques et les prêtres qui porteront à la connaissance des fidèles les arrêts de l'autorité ecclésiastique, ou qui refuseront d'admettre à la communion les parents et les enfants qui auront manqué à leur devoir d'obéissance religieuse ? Et votre maxime de neutralité confessionnelle et de liberté de conscience qu'en ferez-vous ? Quelle contradiction avec vos propres principes ? Auriez-vous donc pour but de rouvrir une nouvelle période d'agitation religieuse dans ce pays ? Je ne le puis croire, et voilà pourquoi je viens vous prier de réfléchir avant d'aggraver encore les sujets de plainte des catholiques.

Je ne disconviens pas que l'arrêt de la Cour de Dijon et celui du tribunal des conflits dans l'affaire Morizot soulèvent une question grave et délicate, et je comprends que vous ne consentiez pas à abandonner aux tribunaux ordinaires l'appréciation de l'enseignement des instituteurs. Mais ne vous semble-t-il pas que votre premier devoir, dans ces circonstances, serait de prendre des mesures sévères contre les maîtres qui violeraient la neutralité scolaire ? et non pas de violer vous-même cette neutralité en créant, sans tenir compte des exigences et obligations légitimes de la conscience catholique, un délit spécial d'entrave à l'enseignement public ?

Les projets déposés en juillet dernier sur le bureau de la Chambre mettent en cause le droit qu'ont les pères de famille de surveiller l'éducation de leurs enfants. Or, à défaut d'autres considérations, le bon sens suffirait pour faire comprendre que l'enfant appartient à ses parents avant d'appartenir à l'État. Un conférencier traite ainsi ce sujet :

Les parents ont-ils le droit d'élever leur enfant et diriger eux-mêmes son éducation ? — Oui, assurément ; c'est une pernicieuse erreur de prétendre qu'il est à l'État avant d'être au père et à la mère.

Ce droit a son fondement dans la constitution même de la famille. La famille a été instituée par Dieu, dès lors qu'elle est de nécessité de nature.

De par la constitution de la famille, le père et la mère ont des devoirs à remplir envers leur enfant.

Or, ces devoirs ne peuvent être accomplis s'ils n'ont pas le droit d'élever leur enfant. Donc, ils ont le droit de l'élever.

La famille n'a pas été constituée par la libre volonté de l'homme. De par la nécessité de la nature humaine, il faut qu'il y ait un père et une mère qui donnent le jour à l'enfant. Leur rôle n'est pas terminé à la naissance de cet enfant. L'enfant ne peut vivre si on ne le nourrit pas, si on ne l'élève pas. Le père et la mère doivent donc le nourrir et l'élever.

Les animaux eux-mêmes, mus par leur instinct, n'abandonnent pas leurs petits dès leur naissance. La poule protège ses poussins et les abrite sous ses ailes. L'oiseau nourrit ses petits et les protège jusqu'à ce qu'ils arrivent à l'âge adulte. L'aigle nourrit et défend ses aiglons.

Or, ce que la nature, par un instinct irraisonné, impose aux animaux, elle l'impose comme une loi, comme une obligation de conscience aux parents.

Vous traiteriez tous de monstres des pères et des mères qui abandonneraient l'enfant naissant sans secours. Vous placeriez au-dessous des barbares et des sauvages, au-dessous des animaux, le père et la mère qui négligeraient de donner le nécessaire à l'enfant. C'est le cri de la nature, Messieurs. C'est donc le devoir primordial et antérieur à tout autre.

Or, Messieurs, l'enfant, ce n'est pas l'animal sans raison. L'enfant est une intelligence et un cœur. Le devoir des parents n'est donc pas seulement de donner aux membres du corps leur développement par l'alimentation ; il ne consiste pas seulement à les prémunir contre les intempéries de l'air par le vêtement et l'abri ; ils doivent développer l'intelligence, ils doivent perfectionner l'être moral que la Providence leur a confié. Ils doivent élever l'enfant.

Et ce devoir, qui est un devoir de nature, est tellement strict, que nos ennemis eux-mêmes le reconnaissent ; c'est pour cette raison qu'ils en appellent au droit de l'enfant à être élevé et instruit.

Mais, Messieurs, il n'y a pas de devoir des parents sans droits des parents. S'ils doivent élever l'enfant, ils ont le droit de l'élever, parce qu'il est élémentaire de prétendre que tout homme a le droit d'accomplir son devoir.

Eh quoi ! supposez un jeune homme qui viendrait demander compte à son père de la façon dont il aurait accompli le devoir familial de l'éducation. Quelle absurdité si le père venait à répondre : Je devais vous instruire, je devais vous élever, mais je n'en avais pas le pouvoir.

Parlant au Sénat de ce droit des pères de famille, M. de Las Cases disait le 28 juin 1904 :

Le droit du père de famille ne se démontre pas dans une assemblée où il y a des pères de famille ; il se sent ! S'il y a quelque chose de plus doux et de plus émotionnant dans notre vie que le fait de voir arriver un enfant au foyer domestique, c'est le fait de voir l'intelligence, le cerveau, le cœur de cet enfant se développer, et l'on n'est pas père de famille quand on laisse à un autre ou à celui qu'on n'a pas choisi le soin d'avoir cette jouissance de développer cette intelligence, de lui inculquer ce qui est notre idéal de beauté, de vérité, notre idéal social et notre idéal religieux.

Les parents ont le droit de surveiller l'éducation

des enfants, c'est incontestable ; et il n'appartient pas à l'État d'annihiler ce droit. C'est là, cependant, ce qu'il voudrait faire : M. Latouche le prouve dans l'*Éclair* :

Le droit des pères de famille, on n'ose le contester en principe. Il est la conséquence forcée, logique, inéluctable de la puissance paternelle et des devoirs du père de famille. Droits et devoirs sont corrélatifs.

Dans un premier projet, déposé il y a huit jours, M. Doumergue reconnaît « que les parents qui confient à l'État leurs enfants ont le droit d'exiger que leurs croyances et leurs sentiments intimes ne soient ni combattus, ni froissés par un enseignement agressif, et, d'autre part, l'État a trop souvent et trop sincèrement réclamé la collaboration de la famille à l'œuvre scolaire pour réprouver sa sollicitude et même son contrôle ».

Voilà qui est parfait. Mais, pratiquement, ce droit comment s'exercera-t-il ?

**

Il faut distinguer ici deux cas : l'instituteur peut avoir commis une faute de service ou une faute personnelle. Dans le premier cas, s'il s'agit d'une faute de service, d'une faute professionnelle commise par l'instituteur dans l'exercice de ses fonctions, le père de famille pouvait, jusqu'ici, mettre en mouvement l'action disciplinaire, saisir d'une plainte les supérieurs hiérarchiques de l'instituteur. Ce qu'ont produit ces recours, ces appels aux autorités scolaires, nous ne le savons que trop. Les Amicales des instituteurs nous ont laissé voir trop souvent dans quel esprit l'enseignement moral et civique est donné à nos enfants. Hier encore, ne voyait-on pas l'Amicale des instituteurs de la Sarthe prendre fait et cause pour l'instituteur hervéiste Morizot ?

Avec le projet nouveau, le père de famille, nous dit-on, s'adressera aux supérieurs hiérarchiques de l'instituteur. C'est là même chose : jusqu'ici, rien de changé. Mais l'exposé des motifs nous apprend que c'est le préfet qui décidera si les faits incriminés relèvent de la compétence civile ou des juridictions administratives, et là nous entrons dans l'arbitraire.

Dans le second cas, s'il y a faute personnelle de l'instituteur, c'est-à-dire faute se détachant de l'exercice de ses fonctions, — d'après la distinction admise par le Conseil d'État et le tribunal des conflits, — le père de famille, jusqu'ici, avait le droit de mettre en jeu la responsabilité civile de l'instituteur par une action de droit commun exercée devant les tribunaux judiciaires.

Avec le nouveau projet, il en est tout différemment. Ce n'est plus l'instituteur que le père de famille devra poursuivre, c'est... le préfet. Et alors, nous sommes en face de l'arbitraire le plus éhonté, du plus pur jacobinisme.

Les projets du Gouvernement soulèvent une autre question : la responsabilité de l'instituteur. Voici à ce sujet l'opinion d'un éminent jurisconsulte, M. Piédelièvre, professeur de droit civil à la Faculté de Paris.

En ce qui me concerne, je suis nettement hostile au projet de loi dont vous me parlez.

Certes, lorsqu'il s'agit de ces fautes légères, inhérentes au service même, que l'on appelle couramment aujourd'hui fautes de service, je conçois que l'État les prenne à sa charge et qu'il indemnise — s'il y a lieu — les personnes qui en éprouvent quelque dommage, soit parce que de telles fautes sont moins imputables au fonctionnaire lui-même qu'à l'organisation générale du service dont il est chargé, soit parce qu'il vaut mieux pour l'État courir le risque d'une telle responsabilité que de paralyser l'initiative de ses agents par la crainte qu'ils auraient d'avoir à payer des indemnités pour les moindres erreurs ou les moindres omissions. Mais, dans le cas de faute lourde de leur part, de leurs fautes personnelles (et c'est à des fautes de ce genre que le projet en question fait allusion), j'estime que, suivant la règle générale admise jusqu'à présent, l'État doit abandonner le fonctionnaire, quel qu'il soit, aux conséquences de la responsabilité personnelle et ne pas se déclarer lui-même civilement obligé. En pareille hypothèse, en effet, le fonctionnaire est sorti de sa fonction : pour employer une vieille expression romaine, il a fait l'acte sien. L'acte n'est plus l'acte d'un agent de l'État, mais bien celui d'une simple personne privée, qu'il est à la fois équitable et rationnel de traiter comme tel, c'est-à-dire suivant la règle du droit commun.

L'exposé des motifs donne à l'appui du projet des raisons qui ne me paraissent pas convaincantes.

Est-il vrai, comme il le prétend, que la possibilité pour un particulier de poursuivre directement les maîtres de l'enseignement à raison de leurs fautes personnelles soit de nature à semer l'inquiétude parmi eux et à les paralyser dans l'accomplissement de leur tâche ? Je ne le crois pas. Les faits à raison desquels la poursuite pourrait avoir lieu sont, pour tout homme clairvoyant (et, par définition, les professeurs le sont), si manifestement étrangers à la mission qui leur incombe, qu'il ne peut y avoir de doute pour eux sur les conséquences auxquelles ils s'exposent, s'ils ont la volonté ou la faiblesse de les commettre ; il n'est pas possible qu'ils ne sachent pas à quoi s'en tenir à cet égard, et s'ils s'y livrent, ce sera en pleine connaissance de cause : qu'ils aient donc le courage d'en assumer directement la responsabilité ! Et puis, qu'on veuille bien remarquer que si le motif indiqué était vrai, la conséquence logique en serait que la même situation devrait être faite à tous les fonctionnaires, à quelque ordre qu'ils appartinssent : ce serait la responsabilité directe de l'État se substituant à celle de ses agents en tout cas et pour toute faute, c'est-à-dire un système contre lequel ont toujours protesté les publicistes et les jurisconsultes qui se sont préoccupés d'établir un juste équilibre entre les droits de l'État et l'indépendance d'action qui doit appartenir à ses agents, d'une part, et, d'autre part, les garanties qui doivent appartenir aux particuliers contre les excès et les abus dont les fonctionnaires peuvent se rendre coupables à leur détriment. Enfin, et d'une manière générale, je ne crois pas que l'idée d'une sanction pécuniaire contre l'État soit un bon moyen, ou même un moyen quelconque d'assurer l'accomplissement des obligations d'ordre supérieur qui s'imposent à ses agents, et qu'il est cent fois préférable, pour obtenir un résultat duquel dépend la bonne organisation des pouvoirs publics, d'abandonner ceux qui les détiennent à l'application des principes élémentaires de justice qui gouvernent les relations entre les hommes, en se gardant bien d'affaiblir chez eux le sens de la responsabilité personnelle.

Il est vrai que le même exposé des motifs fait ressortir que la solution nouvelle n'a pas cette conséquence, qu'elle ne crée pas en faveur des membres de l'enseignement un privilège exorbitant, qu'ils restent soumis aux conséquences morales ou pécuniaires de leurs fautes lourdes, en ce sens que l'État pourra à son tour exercer contre eux soit un recours en garantie, à raison des condamnations mises à sa charge, soit une action disciplinaire.

Mais n'est-il pas à craindre que ce recours reste plus d'une fois dans le domaine de la théorie, soit que des raisons extrinsèques, politiques ou autres, détournent l'État de son exercice, soit qu'il y renonce par l'impossibilité d'obtenir contre le délinquant, à raison de sa situation pécuniaire, une condamnation effective ? Sans doute, en principe, point de privilège d'irresponsabilité pour les membres de l'enseignement ; mais, en fait, et dans de telles matières, il y a souvent loin de la théorie à la pratique, et l'expérience le prouve. Le fameux article 75 de la Constitution de l'an VIII, lui non plus, n'avait pas eu pour but de créer un privilège au profit des fonctionnaires, lorsqu'il stipulait qu'ils ne pourraient être poursuivis pour des faits relatifs à leurs fonctions qu'en vertu d'une décision du Conseil d'État : son objet unique était d'empêcher que des poursuites fussent intentées avant que le Conseil eût constaté qu'il s'agissait bien de fautes personnelles, entraînant leur responsabilité, et non de fautes de services qui ne l'engageaient pas. Et cependant, l'on sait les abus auxquels il donna lieu, l'usage vraiment scandaleux qu'on en fit à plusieurs reprises pour refuser l'autorisation de poursuites vraiment justifiées et l'impunité qui en résulta pour des fautes qui n'avaient rien de commun avec l'exercice de la fonction ; et il a fallu que la réaction contre ce texte fût bien vive, au lendemain d'un régime qui en avait particulièrement tendu tous les ressorts, pour que le Gouvernement de la Défense nationale, au milieu des difficultés de toutes sortes qu'il rencontrait en prenant le pouvoir, se crût obligé de l'abroger. Je craindrais fort qu'une disposition du genre de celle que l'on propose pour les fonctionnaires de l'Enseignement public ne produisît, toutes proportions gardées, des résultats quelque peu semblables en ce qui concerne la responsabilité qui leur incombe au cas de faute lourde de leur part.

Enfin, il est une dernière considération mise en avant par l'exposé des motifs : l'obligation pour le particulier de diriger son action contre l'État permettra, dit-il, plus aisément à l'autorité préfectorale d'apprécier, dans des matières aussi délicates que celles qui touchent à l'enseignement, si les faits incriminés relèvent bien réellement de la compétence des tribunaux civils ou seulement des juridictions administratives. Ici je ne comprends guère. Est-ce à dire que le préfet pourra, touché par l'assignation du plaignant, décider par lui-même s'il s'agit d'une faute personnelle ou d'une faute de service, et renvoyer de sa propre autorité, soit à l'autorité judiciaire, soit à l'autorité administrative? Non, sans doute : autrement, ce serait faire perdre aux particuliers les garanties les plus élémentaires de bonne justice qu'on leur doit ; ce serait rendre l'État juge et partie dans sa propre cause ; c'est inadmissible. Ce que le préfet pourra donc faire, s'il est assigné, c'est ce qu'il pouvait faire jusqu'ici, lorsque le maître était directement poursuivi, c'est-à-dire prendre un arrêté de conflit et faire juger la question par le Tribunal des conflits ; et je ne vois pas en quoi, à cet égard, la nouvelle loi modifierait la situation.

Telles sont, entre beaucoup d'autres, quelques considérations qui me détermineraient, si j'avais voix au chapitre, à repousser le projet de loi au sujet duquel vous me demandez mon avis, qui, s'il était voté, me paraîtrait donner une orientation dangereuse à l'évolution de notre droit public.

M. Pierre Sérigny, dans l'*Univers*, examine également les nouveaux projets de loi au point de vue juridique, et il montre qu'ils sont vraiment dirigés contre les pères de famille :

Au point de vue juridique et d'après un avis des plus autorisés, tel celui de M. Groussau, tel encore celui de M. Chéron que nous avons recueilli, l'élaboration de ce projet de loi bouleverserait les principes qui régissent notre droit administratif actuel. Ce serait l'élaboration d'un nouvel et inattendu « statut d'immunité des fonctionnaires ».

Pour les chargés de fonctions publiques, tel est l'instituteur laïque actuel, le principe judiciaire pratiqué depuis le commencement de la troisième République est le droit commun, sans privilège particulier ; sauf cette aggravation, d'un plus grand droit de contrôle de l'opinion publique à leur égard. C'est ainsi que les procès en diffamation de fonctionnaires vont à la cour d'assises, au lieu d'aller en police correctionnelle, et que le droit à la preuve y est admis.

En regard de cet état de choses, ancien, on comprend comment la disposition II du projet Doumergue créerait pour l'instituteur, si elle était adoptée, une véritable immunité pédagogique analogue à l'immunité parlementaire, par exemple.

Or, ceci semble injustifié, en droit, en fait, comme par rapport aux arguments divers dont le ministre et ses amis prétendent étayer leur thèse.

Au point de vue du droit, l'empire a jadis connu une disposition législative analogue : c'était l'article 75 de la Constitution de l'an VIII.

Celui-ci spécifiait que nul fonctionnaire ne pouvait être poursuivi en justice qu'après autorisation du Conseil d'État.

C'était là une presque loi d'intangibilité. Cependant, avec elle, l'autorisation nécessaire une fois obtenue, on était certain de pouvoir traîner le fonctionnaire devant le juge ; ce que ne garantit pas le projet communiqué, puisque l'État une fois assigné, le préfet posséderait encore, avec lui, le droit de désigner la juridiction, administrative ou civile, devant laquelle l'affaire devrait être évoquée.

Ce détail nous montre le projet Doumergue inférieur même à cet article 75 contre lequel l'unanimité s'était faite aux dernières années de l'Empire.

Si, au surplus, c'était cette ancienne disposition que le Gouvernememt voulait rétablir, il y aurait lieu de se demander pourquoi son projet réserve cette prérogative aux seuls instituteurs, alors que l'article 75 en faisait bénéficier tous les fonctionnaires.

Ceci seul nous montre que le mobile du geste gouvernemental n'est pas dans une telle réminiscence. Dire dès lors que « l'intention de ce projet est de montrer aux instituteurs que, si l'État leur refuse le droit de se syndiquer pour se défendre, c'est que l'État entend pourvoir lui-même à ce soin de protection », devient une chose erronée, un prétexte et une mauvaise explication : tous les fonctionnaires veulent se syndiquer pour leur défense, et le projet Doumergue ne prévoit la protection que des instituteurs.

**

Reste une dernière raison donnée à son élaboration, une seule, qui fut avouée par les journaux d'extrême-gauche et que les explications mêmes de M. Doumergue semblent confirmer. Il convient, en effet, de rappeler ici la déclaration dont il accompagna le dépôt de son projet de loi, préface où il parlait de « ces deux droits contradictoires, celui de l'instituteur à être protégé dans son enseignement, celui du père, d'avoir un secours contre les mauvais maîtres ».

Le motif si tortueusement marqué dans cette phrase, M. Dessoye, président de la Ligue de l'enseignement, l'indiqua d'un mot brutal au lendemain du procès du mauvais instituteur Morizot poursuivi par un père de famille.

Il déclara : « Si nous laissons faire, nous aurons demain 23,000 procès semblables » ; tandis que le journal l'*Action* parlait de son côté de « la nécessité d'empêcher les cléricaux de troubler à tout moment les éducateurs laïques dans leur tâche, par de vains procès engagés sans rime ni raison ».

Ainsi, par ces aveux dénués d'artifices, il apparaît bien, en dépit des dénégations ministérielles, que c'est contre le père de famille et en restriction de son droit de contrôle sur l'instruction donnée à ses enfants, que ce projet de loi fut élaboré.

L'*Éclair* publie de son côté l'opinion d'un autre jurisconsulte : celui-ci qualifie de monstrueux les projets Doumergue.

Il nous est interdit de citer le nom du maître éminent qui a exprimé pour les lecteurs de l'*Éclair* l'opinion qu'on va lire. Respectueux des raisons qui nous furent données, nous devons nous incliner, en regrettant simplement de ne pouvoir attacher à cette déclaration l'autorité qu'elle eût tirée du nom de son auteur.

— Il y a, dans le projet en question sur la responsabilité des membres de l'enseignement public pour fautes commises dans l'exercice de leurs fonctions, deux parties.

L'une, sage et logique : elle indique que les parents devront s'adresser, pour les plaintes qu'ils auront à formuler, aux chefs hiérarchiques des instituteurs, et exige que les plaignants obtiennent une réponse.

C'est parfait. Mais, pour édicter une telle mesure, point n'était besoin d'une loi, il suffisait d'une simple circulaire.

Il y en a une autre : la substitution de la responsabilité de l'État à celle de l'instituteur.

Et c'est cela qui est grave, et c'est cela qui est inadmissible.

Vous avez évoqué l'article 75 de la Constitution de l'an VIII. Le projet en question dresse à la poursuite des fonctionnaires de l'enseignement les mêmes difficultés, les mêmes infranchissables obstacles.

Ce qu'on veut, c'est que l'instituteur soit désormais à l'abri : aucun doute à ce sujet. L'on veut, de plus, le soustraire à la juridiction désignée pour juger de ses actes.

C'est un acte de méfiance, un outrage envers nos tribunaux, que de ne pas leur laisser juger s'il y a eu acte délictueux ou non.

Mais il est bien évident qu'on rend les poursuites impossibles. Qui donc ira poursuivre le préfet ? Et un juge de paix, par exemple, va-t-il condamner un préfet ? Allons donc, il serait cassé le lendemain.

J'ai parlé de l'article 75. Ce qu'on veut édicter aujourd'hui est plus antilibéral encore. Le projet actuel est tout simplement monstrueux.

On n'aura encore rien fait de pareil depuis la Révolution. C'est le rétablissement des anciens privilèges.

Les instituteurs ne peuvent être poursuivis que devant les juridictions universitaires ? Mais c'est ce qu'on reprochait à l'ancien régime, où il y avait, pour le clergé, des tribunaux spéciaux. Il existe cette différence que j'aurais pu avoir confiance dans les tribunaux des clercs, tandis que je n'en accorde aucune aux juridictions universitaires, élues par les instituteurs. Ces derniers, jugés par leurs pairs, seront toujours couverts !

Il faut le dire, enfin, ce qu'on décrète, c'est la mise à l'abri, c'est l'immunité de l'instituteur.

On s'apercevra bien de la *monstruosité* de ce projet — le mot n'est pas de trop — le jour où on le discutera au Parlement, à supposer qu'on le discute jamais avec un but réel, je veux dire pour le voter !

Oui, ces projets sont monstrueux ; mais, hélas ! supposer qu'à cause de cela ils ne seront pas votés, c'est faire preuve d'un trop grand optimisme ; c'est aussi oublier la puissance de la Franc-Maçonnerie, qui gouverne actuellement notre pauvre pays et qui, depuis longtemps, a décrété ce qui arrive aujourd'hui : ce n'est, du reste, que la continuation de l'œuvre entreprise il y a vingt-six ans. Il ne sera pas sans intérêt de mesurer le chemin parcouru depuis ce temps : MM. Auffray et Desbuquois, après avoir démontré, dans une étude documentée, que les projets Doumergue ne peuvent être acceptés par un philosophe, par un croyant, par un légiste, comparent ces projets avec la loi de 1882.

La loi du 28 mars 1882, tout en rendant l'enseignement obligatoire, observait encore certaines règles de discrétion, et graduait prudemment les sanctions qui appuient son texte. Lorsqu'un enfant se sera absenté de l'école quatre fois en un mois sans excuse légitime, le père recevra d'abord un avertissement (art. 12); en cas de récidive, dans les douze mois, le nom de ce père, avec le fait relevé contre lui, sera affiché à la porte de la mairie (art. 13); ce n'est qu'une troisième récidive qui l'amènera devant le tribunal de simple police pour s'entendre condamner à l'amende ou à l'emprisonnement (art. 14). Le projet actuel, à en juger par l'exposé des motifs, semblerait n'être qu'une application de la loi de 1882, une extension de ses termes, conforme à son esprit, pour atteindre un nouveau moyen d'éluder l'obligation scolaire. On s'attendrait donc à y lire un rappel des trois pénalités de la loi primitive, un renvoi aux articles 12, 13, 14. Le projet pourtant ne se réfère qu'au troisième article, le plus grave, celui qui édicte les peines de police. Ainsi ni monition ni affichage : du premier coup, la comparution devant le juge de paix. En 1882, soustraire directement l'enfant à l'enseignement, le retenir hors de l'école, ne devenait contravention proprement dite qu'à la troisième récidive. En 1908, le soustraire indirectement à cet enseignement, lui prescrire une attitude passive en classe, entraînerait d'emblée, au gré de M. Doumergue, l'amende et la prison. Le temps marche, les idées sectaires avancent. Si nous nous laissons faire, chaque étape de la législation marquerait un recul de nos libertés.

Aucune illusion n'est plus possible : on va à grands pas vers l'oppression. Voici un fait qui le prouverait si c'était nécessaire :

Une association de pères de famille usant de son droit adresse au maire de M... la réclamation que voici. (*Le Bulletin de la Société d'Éducation et d'Enseignement,* auquel nous empruntons ce fait, ne donne pas le nom de la commune par prudence : mais nous savons trop bien

l'attention scrupuleuse qu'il apporte à se renseigner pour
ne pas ajouter foi pleine et entière à son dire.)

Voici le texte de cette réclamation :

« Le Comité catholique de l'Association des Pères et
Mères de famille de la commune de M..., réuni le 26 septembre 1907, ayant constaté que la neutralité religieuse,
ordonnée par la loi française, est violée, dans notre école
communale, par l'introduction d'une histoire de France
manifestement contraire à la religion catholique que nous
professons, réclame auprès de toutes autorités compé-
tentes, afin que la loi de neutralité religieuse soit loyalement observée et qu'il n'y ait à l'école ni livres, ni
discours contraires à la religion.

« La présente réclamation sera communiquée par les
soins du Comité à M. le maire de M..., *avec prière de la
faire parvenir aux autorités scolaires...* »

Pour légitimer sa réclamation, le Comité la faisait
suivre des copies de dictées faites aux élèves dont il avait
les originaux entre les mains.

Pas de réponse. Sur quoi, nouvelle réclamation. La
première, sans résultat, était du 26 septembre 1907 ; une
seconde plainte fut adressée aux mêmes autorités le 10 décembre suivant en ces termes :

« Le Comité catholique des Pères et Mères de famille
de M..., ayant entendu parler de propos irréligieux tenus
devant leurs enfants à l'école, après avoir pris connaissance de livres de classe mis aux mains des enfants, entre
autres l'*Histoire de France* par Calvet, et de certaines
dictées allant jusqu'à tourner l'Évangile en dérision, sont
d'avis que le respect dû à la religion catholique qui est la
leur, et dans laquelle ils veulent élever leurs enfants, est
violé dans les écoles communales de M..., et ils réclament
l'observation de la loi de neutralité sur les questions religieuses à l'école. »

Cette fois la plainte eut un résultat. Devinez lequel ? —
Le Comité des Pères de famille ne reçut aucune réponse.

Mais le curé de M..., dénoncé au parquet par les instituteurs de M... et de H... (commune voisine) et par deux
hommes de M..., a été appelé devant le juge d'instruction,
avec force enquêtes contre lui, et il est prévenu, par son
avocat, qu'il doit recevoir une citation à comparaître
devant le tribunal de C..., pour avoir :

1º *Fait un Cours d'histoire sans brevet* (il s'agit ici de
l'histoire de l'Église faite aux enfants par le curé au catéchisme) ; 2º Essayé, *par contrainte morale,* d'empêcher
les parents et les enfants d'étudier l'*Histoire de France*
dans Calvet, deuxième édition.

Ainsi, il y a déjà en France tel tribunal prêt à appliquer la loi Doumergue avant même qu'elle soit votée!
Voilà qui promet!

Sans aucun doute, la loi sera votée. Quelle devra
être ensuite notre attitude, à nous, catholiques? Que
devront faire les pères de famille? Mgr Laurans,
évêque de Cahors, répond :

Au nombre des adorateurs de l'Idole, il faut compter
ces pères de famille catholiques qui, tout en gémissant,
s'inclinent devant les lois scolaires. Or, nous n'avons pas
à tenir compte d'une loi mauvaise. Une telle loi, contraire
aux lois de Dieu et de la conscience, n'est pas une loi et
ne peut nous contraindre à l'obéissance. Nous entendons
cependant, nous lisons même dans des publications bien
intentionnées, des paroles comme celles-ci : on peut faire
la grève scolaire sans violer la loi, et les parents qui orga-
nisent cette grève n'ont rien à craindre. Ces paroles, dites
pour rassurer les hésitants, ne donneront pas du cœur
aux peureux, et elles offrent l'inconvénient grave de reconnaître quelque valeur à des lois mauvaises.

Faut-il avoir souci de violer de telles lois? C'est demander s'il faut avoir souci de faire son devoir. Nous comprenons qu'on cherche parfois le moyen d'éviter les pénalités

légales : il est superflu de s'exposer sans raison à l'amende, et très inutile de prendre, sans y être forcé, le chemin de la prison. Mais le chrétien ne peut accepter une loi mauvaise, ni s'écarter du chemin du devoir ; si l'amende ou la prison est au bout de ce chemin, peu importe ! Le père de famille à qui la loi prescrit d'envoyer son enfant à l'école, et qui n'a près de lui que des écoles mauvaises, doit ne tenir aucun compte de la loi et accomplir résolument son devoir de chrétien.

Pendant vingt-cinq ans, nombre d'instituteurs ont impunément violé la loi de neutralité ; il se fait bien temps que nous affirmions, nous catholiques, que nous ne sommes pas plus tenus qu'eux à la respecter, et qu'en définitive le moment est venu de nous souvenir qu'il vaut mieux obéir à Dieu qu'aux hommes.

Du reste, les pères de famille commencent à comprendre quel est leur devoir. Un grand nombre ont déjà déclaré qu'ils l'accompliraient jusqu'au bout, et, par toute la France, nous en sommes convaincus, on montrera les mêmes dispositions. On ira, s'il le faut, jusqu'à l'héroïsme.

Nous lisons dans *La Vie nouvelle*, le grand journal de la Jeunesse catholique :

Un de nos lecteurs cherbourgeois nous expose comment il voudrait voir combattre ce projet de loi tyrannique.

Contre le projet trois arguments entre autres lui paraissent de nature à faire impression :

1° Cette loi serait en contradiction avec les sentiments humains : malgré tous les sophismes, le père sent bien par instinct que son enfant est à lui avant tout ; c'est lui qui se préoccupe d'assurer son bonheur : nul plus que lui n'y est poussé. C'est contre ce fait d'observation et d'expérimentation que marchent nos ministres. Ils vont directement contre la nature, et l'on peut dire ainsi que leur loi serait antiscientifique.

2° Elle serait aussi contraire à l'ensemble de notre législation. Les parents sont reconnus responsables des actes de leurs enfants ; il est donc nécessaire qu'ils le soient également de leur éducation.

3° Enfin la loi serait antidémocratique, car elle s'attaque à l'ouvrier, qui est obligé d'envoyer ses enfants à l'école publique, n'ayant pas les moyens de lui payer l'instruction ailleurs.

Cette loi inique, il faut, dit notre correspondant, la combattre de deux manières :

D'abord il faut résister énergiquement et, au prix des plus durs sacrifices. Que les pères de famille, par une entente unanime, fassent observer de la façon la plus stricte la neutralité scolaire, en défendant aux enfants d'apprendre ou de lire tout livre contraire à la religion, à la patrie, à la morale ; c'est tout simplement respecter la loi sur la neutralité. Peut-être verra-t-on des pères arrachés à leur foyer sous les yeux de leurs enfants : ceux-ci s'en trouveront consolidés dans leur foi et seront gagnés à jamais à la cause de la liberté religieuse : heureux effet de toutes les persécutions.

En second lieu, il est nécessaire de fortifier les enfants contre toutes les attaques, notamment en leur faisant des conférences avec projections sur l'histoire de France et les bienfaits du christianisme, et aussi de les prévenir des mauvais enseignements qu'ils peuvent recevoir à l'école.

Il est d'autant plus indispensable de lutter avec vigueur contre le projet de loi Doumergue qu'il ouvre la voie à toute une série de persécutions : aujourd'hui on enlève aux parents la liberté d'élever leurs enfants comme ils l'entendent, demain ce sera la fermeture des écoles libres et le monopole de l'instruction primaire, puis la suppression nette de la neutralité scolaire accusée de gêner l'impartialité scientifique ; on arrivera alors à la suppression des patronages et des œuvres de jeunesse où se réfugiera l'éducation chrétienne.

Que restera-t-il après cela de la religion sur le sol de France ?

Nous nous refusons à croire que nous pourrions arriver à cette extrémité ; au contraire, nous faisons nôtre l'espérance que M. Henri Bazire, le distingué président de la Jeunesse catholique, exprimait en terminant l'éloquente protestation que nous nous reprocherions de ne pas citer en entier :

« La guerre n'est plus au chemin creux, elle est à l'école », disait M. Clémenceau dans son discours de la Roche-sur-Yon.

On nous le fait bien voir.

Les projets de loi déposés par MM. Doumergue et Briand, au nom du Gouvernement, pour immuniser l'instituteur, pour le soustraire à la responsabilité de tous les attentats qu'il pourra commettre contre la conscience de l'enfant et contre les droits du père de famille, viennent d'être renforcés par la Commission sur le rapport de M. Dessoye, l'homme des Loges, le délégué de la Ligue de l'enseignement.

En cas de récidive, la peine de l'emprisonnement sera toujours prononcée contre le père ou le tuteur de l'enfant qui aura refusé de recevoir tout ou partie de l'enseignement ou de faire usage de livres régulièrement inscrits sur la liste départementale. De même contre quiconque aura, par des discours ou des écrits, provoqué à commettre l'infraction.

Pas de circonstances atténuantes pour un pareil délit. Allez ! ouste, en prison.

En prison l'évêque ou le prêtre qui aura mis en garde l'enfant de la première communion contre les blasphèmes d'un Morizot quelconque.

En prison, le père de famille qui aura voulu préserver l'âme de son fils.

En prison l'orateur, le conférencier, le journaliste qui aura mal parlé d'un instituteur ou formulé quelques réserves sur les livres scolaires.

En prison ? Soit. Nous verrons bien.

* *

En réalité, cette loi est surtout dirigée contre les évêques et le clergé.

Ce sont eux qu'on veut atteindre. On redoute qu'ils mettent l'enfant en défiance contre l'enseignement antireligieux de l'école, qu'ils interdisent, avec les sanctions dont ils disposent, tel ou tel livre de classe contraire à la foi et souvent à la morale. On redoute surtout qu'ils fassent un cas de conscience aux parents de laisser exposées aux atteintes de l'athéisme officiel les âmes baptisées dont ils ont la responsabilité et la garde.

Oui ; mais c'est peine perdue. Car tout cela, précisément, c'est l'office de l'évêque ; c'est son devoir strict de docteur, de pasteur et de père. A quoi bon sa houlette, à quoi bon sa crosse si ce n'est pour conduire et défendre son troupeau ? En se taisant, il manquerait aux engagements solennels qu'il a pris le jour de son sacre et qui sont exprimés si énergiquement dans le texte de la liturgie sainte.

Donc votre loi ne fermera pas la bouche aux évêques. Les initiatives comme celle de Monseigneur de Cahors se multiplieront à mesure que le besoin deviendra plus pressant. La menace de la prison sera pour eux un stimulant de plus. Jamais la prison n'a fait reculer un évêque, et quand les ennemis des âmes attachent un tel prix à son silence, il se sent pressé de le rompre ; c'est l'impérieuse exigence de sa vocation apostolique au cours des siècles : *non possumus non loqui.*

Nos évêques parleront donc. Et il n'en est pas un qui ne fasse sienne cette admirable déclaration de Mgr Henry :

« J'irai, s'il le faut, en prison. Mais il y aura quelque chose de changé en France le jour où un évêque aura affronté la prison pour combattre les lois iniques sorties du cerveau de misérables. »

*
* *

Quant au père de famille catholique et français, c'est mal le connaître que d'escompter ainsi sa timidité.

Des deux projets, le premier a pour but de soustraire en tout cas l'instituteur à l'action en dommages-intérêts. Le préfet seul pourra être assigné à sa place. On espère que le père de famille reculera devant ce haut fonctionnaire galonné d'argent, ceint d'une épée à poignée de nacre, et qui, pour exercer des représailles contre un citoyen, dispose de moyens plus efficaces encore que son épée.

Et, pour satisfaire ce bas calcul, le Gouvernement n'hésite pas à bouleverser les règles les plus certaines de la compétence judiciaire et administrative. Il rétablit en fait l'article 76 de la Constitution de l'an VIII contre lequel avait été dirigé tout l'effort républicain du siècle dernier. Il abolit cette règle aussi ancienne que notre droit et qui toujours fut respectée jusqu'ici : *Nul ne plaide en France par procureur*.

L'instituteur plaidera par le préfet.

Mais l'insuffisant juriste qu'en toute circonstance s'est montré M. Briand n'a pas songé aux conséquences.

Plaidant devant le tribunal civil, je puis demander la comparution des parties, recourir à la procédure de l'interrogatoire sur faits et articles.

Sera-ce le préfet ou l'instituteur qui comparaîtra et répondra ?

Le second projet est plus efficace encore. Si le père de famille détourne son fils d'écouter les leçons antireligieuses et antipatriotiques de Morizot, s'il se plaint trop fort, on le mettra en prison pour avoir la paix.

De sorte que ce malheureux père de famille est condamné à l'amende ou à l'emprisonnement en vertu de
l'article 14 de la loi du 28 mars 1882, s'il n'envoie pas son
enfant à l'école chez Morizot. Et s'il l'y envoie et qu'il
veuille le soustraire à telle ou telle leçon de cet instituteur qui blasphème Dieu et nie la patrie, il est également
menacé de prison.

C'est tout de même beaucoup de prison pour pas
grand'chose. Et tel père de famille exaspéré voudra peut-
être en avoir pour son argent ou pour sa prison comme
celui qui est venu me consulter l'autre jour :

— Si je détourne mon fils d'aller à l'école le jour de la
leçon de morale où l'instituteur déclare que ceux qui
croient en Dieu sont des imbéciles ?

— Vous irez en prison.

— Bon ! Et si j'arrache la page de tel livre de dictées
où on compare le catholicisme au « fétichisme, religion
de sauvages » (sic) ?

— Vous irez en prison.

— Bien. Et si j'administre une râclée à l'instituteur ?

— Ah ! cela c'est autre chose, et il faut distinguer.
Entendez-vous prendre l'instituteur dans l'exercice de
ses fonctions ?

— N'en doutez pas. Et j'aurai même soin d'en avertir
mes voisins et d'amener des témoins.

— Oh ! dans ce cas, pas de doute en effet ; de plus, il y
aura préméditation. C'est l'application des articles 230 et
232 du Code pénal.

— C'est-à-dire ?

— C'est-à-dire que si peu que vous touchiez votre
homme, et alors même qu'il n'y aura ni blessure ni maladie, le tribunal correctionnel cessera d'être compétent :
vous serez traduit devant le jury et vraisemblablement
acquitté.

— A la bonne heure ! Je vous remercie.

Mon interlocuteur n'ajouta rien ; mais je lus dans son

regard la mauvaise pensée de se payer sur la bête, le cas échéant.

Le Gouvernement devrait réfléchir à cela. En déclarant que l'instituteur agit toujours dans sa classe comme fonctionnaire, il risque de lui rendre mauvais service. Plus il élargit la surface du fonctionnaire, plus il rétrécit celle de l'homme privé. C'est l'exposer à des désagréments.

* *

Enfin l'odieux du projet en a peut-être trop masqué le ridicule.

Dans ce temps de liberté de la tribune et de la plume, rétablir le délit de parole et de presse pour couvrir l'instituteur et sa bibliothèque peut paraître excessif.

Dans nos réunions, nous pouvons nous en donner à cœur-joie contre président, ministres, sénateurs, députés, généraux, magistrats, fonctionnaires de tout ordre. Mais si nous faisons allusion au pion de village, chut! L'effleurer est crime de lèse-majesté.

Comme sa personne, ses livres sont sacrés. Dès qu'ils sont inscrits sur les « listes départementales », le critique littéraire de la *Revue des Deux-Mondes* et celui du *Temps* sont désarmés. Le *Matin* lui-même qui « dit tout » pourra continuer à traiter Bossuet d' « idiot » et de Maistre de « sombre brute », mais il ne se hasardera point à dire que la « grammaire de l'enfance » contient des imperfections.

Défense désormais de parler des manuels scolaires de Calvet, de Bayet, de Rajet, autrement que pour regretter que de tels chefs-d'œuvre ne soient pas entre toutes les mains, et pour déplorer que l'Académie, dans son obstination réactionnaire, refuse d'ouvrir toutes grandes ses portes à Rajet, à Bayet et à Calvet.

Par contre, on fera un autodafé des ouvrages de tel auteur qui n'a pas craint de préconiser en ces termes la grève scolaire : » Je suis d'avis que les écoliers congent toute l'année, du 1er janvier à la Saint-Sylvestre, car il n'y a pires bêtes que les régents de classe. »

C'est un certain Rabelais qui a écrit cela. En voilà un dont le compte est bon et qui n'aura pas volé son procès-verbal.

... Sérieusement, que les Loges ne se gênent pas pour faire voter leur loi : le terrain de lutte ne nous déplaît pas. Cinq jours de prison n'ont jamais tué un homme, mais ils peuvent bien tuer une loi. En tout cas, nous assisterons à un nouveau réveil d'énergie parmi les catholiques, et — ce qui ne nuit à rien — il y aura encore de beaux jours pour la vieille gaieté française.

N'est-ce pas que ces sentiments remplissent nos cœurs de catholiques et de Français, et que nous les inspirerons à ceux qui nous entourent ?

Il n'est personne qui puisse assister indifférent au combat qui s'engage : il faut être avec nous ou contre nous. Tous les pères de famille vraiment dignes de ce nom seront avec nous; et alors, nous pourrons espérer la victoire que le vaillant coadjuteur de Cambrai, Mgr Delamaire, nous annonce en ces termes :

Qu'à la masse trop peu consciente de sa foi et de sa vitalité chrétienne, quelques croyants d'élite dans chaque diocèse, avec le prêtre et l'évêque lui-même, à l'heure voulue, viennent donner l'exemple d'une intransigeance inflexible en face du vrai mal, l'exemple d'une abnégation qui n'a peur ni de l'amende ni de la prison, et vous verrez ce qui se passera !

Au premier père de famille jeté en prison parce qu'il n'aura pas voulu laisser souiller l'âme de son enfant, au premier curé ou évêque qui prendra le même chemin pour la même cause sacrée, ce sera comme un frisson qui courra dans toute l'Église de France; ce seront des colères populaires qui gronderont sourdement de toutes parts, et la secte maçonnique inquiète se tapira dans ses Loges en y remisant sa loi infâme devenue lettre morte.

Elle resta stupéfaite naguère, elle la vénale par excellence, en présence du désintéressement sublime de nos 50,000 prêtres et de leur obéissance héroïque au Pape ; qu'elle se prépare à une seconde stupeur non moins amère que la première pour le jour où elle voudra faire appliquer la nouvelle loi scolaire si bien faite à sa laide image.

Ce jour-là, elle reverra la scène des tabernacles, cette scène où elle fit si piteuse figure et si rapide volte-face !

Elle avait envoyé la police crocheter les tabernacles, et voici que, soudain, tout le peuple de France se trouva debout aux pieds des autels pour lui barrer la route. La police éperdue se retira, et, du coup, la Maçonnerie apeurée nous fit rendre et les tabernacles et les églises qui les abritent.

L'enfant, lui aussi, est un tabernacle où Dieu habite, et c'est pour cela sans doute que l'infâme secte s'acharne tant à le violer. Qu'elle poursuive son dessein qui lui tient tant à cœur... nous lui annonçons que Dieu et son peuple, une fois encore se défendront et que la victoire ne sera pas de son côté !

Un journal du boulevard me reprochait, il y a quelques jours, d'avoir déclaré, au milieu de vos congressistes de la *Croix*, que nous irions, le cas échéant, dans notre résistance au mal, jusqu'à « l'assassinat ». On devina facilement, sous cette énormité, — et avant que j'y eusse répondu, — le travestissement qu'avait dû subir ma pensée. Le « reporter » changeait tout simplement les morts de côté ; et, à la place des martyrs que j'offrais, mettait des assassins !

Eh bien ! je reviens à la parole incriminée, à la « vraie », et de nouveau, je demande à nos catholiques de tout donner pour sauver leurs enfants de l'école athée, de donner même leur vie si c'est nécessaire !

La loi, il est vrai, ne parle que d'amendes et de prison, mais qui sait ce qui peut arriver sous le règne de la Franc-Maçonnerie? Elle est si perfide dans ses mensonges, elle est si experte dans l'art d'égarer le peuple, elle est si habile à susciter les émeutes quand son intérêt est engagé ou quand elle veut se venger! Je l'ai bien vu naguère à Périgueux, à Marmande et ailleurs, aux jours de certaines rencontres avec ses amis!

Tout est possible avec elle; aussi, devons-nous être prêts à tout. Eh bien! soyons-le!

Jamais, d'ailleurs, l'occasion ne fut et ne sera plus belle d'un plus beau sacrifice! Dans le conflit qui s'ouvre, Dieu merci, il n'y a plus de misérable question d'argent comme dans l'affaire des Cultuelles, ni de compétitions personnelles comme en période électorale; il s'agit uniquement de lutter et de souffrir pour l'âme de l'enfant toute seule, pour sa foi, sa pureté, son éternité bienheureuse, — cause splendide en vérité!

Pour une fois, la cauteleuse et si prudente Maçonnerie nous aura abandonné pour la bataille une position de premier ordre, une position telle que nous ne pouvions pas en rêver de meilleure!

Que MM. les francs-maçons, puisqu'ils le veulent, aillent donc jusqu'aux dernières extrémités de leur haine contre l'idée religieuse, jusqu'au « massacre des innocents »! C'est à ce dernier crime que nous les attendons pour leur montrer que la France chrétienne est toujours pleine de vie et qu'en croyant étouffer sa foi sous les mailles serrées de lois sectaires savamment ourdies, ils se sont, une fois encore, grossièrement trompés!

La tactique, première manière, de la « secte » fut la sinistre guillotine de 93, et les flots de sang qui en découlèrent alors ne servirent qu'à multiplier les saints, à laver la France de ses fautes, à nous mériter un siècle de gloires et de progrès incomparables.

La tactique, seconde manière, de notre séculaire ennemie nationale, la « guillotine sèche de la légalité oppressive », n'aura pas plus de succès que l'autre. Les hypo-crites et ridicules pontifes qui l'ont inaugurée et bénie dans leurs Loges et qui se pâmaient d'admiration au spectacle de son merveilleux mécanisme et de sa puis-sance meurtrière, en seront réduits comme tant de leurs tristes devanciers à redire devant ses débris la fameuse parole des apostats impuissants : « Tu as vaincu, Gali-léen ! » C'est ma très ferme attente qui, je le crois, ne sera pas déçue.

C'est sur ces paroles réconfortantes que nous ter-minons notre ouvrage. Nous n'avons plus qu'un vœu à exprimer : Dieu veuille qu'elles soient véritable-ment prophétiques !

www.ingramcontent.com/pod-product-compliance
Ingram Content Group UK Ltd.
Pitfield, Milton Keynes, MK11 3LW, UK
UKHW022342090726
13658UKWH00001B/414